KB035236

작은 가게로 1년 안에 벤츠 타기

작은 가게로
1년 안에
벤츠 타기

작은 가게에서
억대 매출을 만들어내는

창업 고수들의
알짜배기 영업 노하우

허로민지음

미래북
miraebook

프롤로그

●

●

●

●

●

고깃집을 운영하더라도 장사가 잘되는 가게가 있고 파리만 날리는 가게가 있다. 나는 잘되는 가게는 왜 잘되는지, 그렇지 않은 가게는 이유가 뭔지 궁금했다. '가게의 규모도 비슷하고 고기의 질도 큰 차이가 없는데 왜 매출에서 큰 차이가 날까?' 늘 의문이 들었다. 그래서 수많은 가게를 관찰하고 자영업자들과 대화를 나누면서 고민해 본 결과, 몇 가지 차이점을 알 수 있었다.

사람들에게 인기 있는 사람은 어떤 사람이라고 생각하는가? 표정이 밝고 상대방의 말에 경청을 잘하는 사람 그리고 상대를 편안하게 해 주는 사람이 단연 인기가 많다. 반면 늘 울상 짓는 얼굴로 어딘가 우울한 분위기를 풍기는 사람 곁에는 사람들이 잘 모이지 않는다.

가게를 운영하는 것도 마찬가지다. 잘되는 가게와 그렇지 않은 가게를 한번 가 보자. 고객을 편안하게 해주고 관심을 가지는 곳, 주인 스스로가 늘 활기찬 기운을 내뿜는 가게는 단연 장사가 잘된다. 잘되는 가게는 주인에게서 힘찬 기운이 느껴지고 그렇지 않은 가게는 왠지 모르게 우울한 기운이 감돈다. 장사가 안돼서 주인은 우울할 수밖에 없다고 생각하는가? 그렇다면 지금부터라도 마인드를 리셋해 보자.

직장인은 주어진 일만 잘하면 큰 문제가 발생하지 않지만 가게를 운영하는 것은 다르다. 하나부터 열까지 주인이 모든 것을 알아야만 최소한 가게가 망하지 않는다. 음식이 맛있다고 해서 또는 판매하는 물건의 품질이 좋다고만 해서 대박 나는 가게가 되기는 어렵다. 기본적인 것을 중심으로 고객을 대하는 방법, 가게를 운영하는 방법, 심지어 사장이 갖춰야 할 마인드까지도 남달라야 한다.

나는 20대부터 옷 가게, 편의점, 스시 가게, 식당, 만화방 아르바이트 등으로 수많은 경험을 쌓았다. 대학 1학년 방학 때는 일찍 취업한 친구가 아침을 거른 직장인을 겨냥해 지하철역에서 김밥을 판매하면 대박 난다는 정보를 주어서 직접 김밥을 만들어 바구니에 담아 무작정 지하철역 한편에 자리를 잡고 판매를 한 적도 있다. 첫날 겨우 4줄을 판매했고, 처참히 실패를 맛보았지만 말이다.

그렇다면 정보를 제공한 친구가 본 지하철역의 김밥 판매원은 왜 대박이 난 걸까? 왜 나는 실패를 했을까? 대박 난 김밥집은 고객의 시선을 강탈했기 때문이다. 고객이 바쁜 걸음을 재촉하다가도 김밥, 우유, 음료, 사이드 메뉴 등 풍성하게 장식되어 있는 판매대를 보고 그냥 지나칠 수가 없었던 것이다. 보이는 것에서 차이가 있었기 때문에 매출에서도 현격한 차이가 났던 것이다. 이처럼 어느 것 하나 허투루 해서는 안 되는 것이 장사이다.

잘되는 가게의 주인은 상황 탓, 환경 탓, 남 탓, 시설 탓 등 '탓'을 하지 않는다는 공통점이 있다. 문제를 늘 자신 안에서 찾고 잘되려는 노력을 한다.

"경기가 어려워서 장사가 안돼."

"날씨가 추워서(더워서) 손님이 없어."

이런 말을 하는 대신 불경기를 극복하려는 방법을 고민하고 날씨의 악조건에도 고객을 많이 유치하기 위한 획기적인 홍보 전략을 세운다. 그렇기 때문에 흥하는 가게가 될 수밖에 없는 것이다. 공부하는 것도 마찬가지가 아닌가? 수학 과목 점수가 떨어졌다고 해서 시험문제를 풀 때 볼펜 탓을 하기보다는 앞으로 점수를 잘 받기 위해 수학 공식을 한 번 더 정립하고 문제를 더 풀어볼 것이다. 장사하는 것도 같은 이치라고 생각한다.

'안 되면 되게 하라.'

나는 이 말을 참 좋아한다. 내가 하고 싶은 일이라면 어떤 방법을 써서든 하고 만다. 직장에서 세일즈를 할 때 잘할 수 있는 방법을 아무리 궁리했지만 혼자서는 해답을 찾을 수가 없었다. 그래서 과감하게 업계 최고의 세일즈맨에게 도움을 요청했다. 그분은 당연히 나를 알지 못했고 나도 그분이 업계 최고라는 사실밖에 몰랐다. 그렇지만 나에게는 간절함과 절박함이 있었다. 다행히 그분의 도움을 받아서 세일즈를 잘할 수 있는 방법을 알 수 있었다. 자신이 간절히 하고자 하면 어떤 방법으로든 길은 열리게 되어 있다고 생각한다.

이 책 속에는 장사가 잘되는 사례와 실패한 사례가 담겨 있다. 그 사례를 통해서 현재 자신의 가게 상황을 점검해 보는 시간을 가져보자. 장사가 잘 안된다는 '걱정'만 하기보다는 오늘부터 잘되려는 노력을 해보는 것은 어떨까?

차 례

Chapter 3 따라 했을 뿐인데 쪽박집이 대박집 되다

Chapter 1

그들은 어떻게
역대의 매출을
올렸나?

장사 고수의 비법 노트

1. 작은 가게로 시작하라.

2. 고객의 귀찮음을 해결하라.

3. 고객의 눈을 잡아끄는 다양한 아이템을 선별하라.

4. 아이디어가 생각났다면 즉각 실행하라.

5. 고객의 입장을 생각하는 사장 마인드를 세팅하라.

01

그들은 어떻게
억대의 매출을 올렸나?

"이 가게는 없는 물건이 없네."

"주인 아주머니가 얼마나 친절한데."

지금은 연세가 많아서 가게를 그만두었지만 30년 넘게 철물점을 운영한 부부가 늘 듣던 말이었다. 그곳은 철물점에서 판매하는 물품뿐만 아니라 생활 잡화 등 없는 것이 없는 만물상 같은 곳이었다. 아내는 찾아오는 손님을 상대로 장사를 하고 남편은 주로 물건 배달을 했다. 새벽 일찍 가게 문을 열고 늦은 밤까지 가게를 비우는 일 없이 장사를 했으니 고객이 찾아와도 문이 닫힌 적이 없어 한 번 왔던 고객은 자연스레 단골고객이 되었다.

단가가 낮은 물건 하나를 팔더라도 아내는 늘 웃는 얼굴로 고객을 맞이했기 때문에 단골고객이 많았다. 휴일에도 웬만해선 쉬지 않아 점점 많은 매출을 올렸고, 3층 건물을 지어서 이사할 만큼의 재산을 일굴 수 있었다. 부부는 현재 임대 수입으로 노후를 즐기고 있다.

부부가 운영한 가게는 10평 남짓한 곳이었다. 건물 뒤편에 물건을 재어놓는 창고가 있었지만 10평 정도 되는 작은 공간에서 억대의 매출을 올릴 수 있었던 비결은 부부가 가게에 쏟는 정성과 부지런함 때문이다. '지성이면 감천이다'라는 말이 있다. 정성이 지극하면 하늘도 감동한다는 뜻으로 힘들거나 어려운 일도 정성을 들이면 이룰 수 있다는 말이다. 자신의 일에 정성을 들이는 것이 얼마나 중요한지 알게 하는 속담이다. 정성과 부지런함 없이 장사가 잘되기를 바란다면 욕심이 아닐까?

음식을 만들더라도 정성이 들어가 있는 것과 그렇지 않은 것은 맛에서도 차이가 난다고 한다. 가게를 운영하는 것도 정성을 들여서 운영하는 것과 그렇지 않은 것을 고객들이 제일 먼저 느낄 것이다. 작은 물건 하나를 팔더라도 철물점 부부처럼 친절한 마인드로 고객에게 정성을 다한다면 단골고객을 넘어 충성고객이 점차 늘어날 것이다.

나는 TV 프로그램 중 힘든 시절을 견뎌 자신만의 노하우로 정상의 자리까지 올라선 과정을 보여주는 〈서민갑부〉를 즐겨본다. 그중에서 기억나는 몇 가지 사례가 있다. 연 7억 원이 넘는 매출을 올리고 있는 대구에서 유명한 분식집이 있다. 몇 번의 사업 실패로 빚더미에 올랐지만 분식집으로 멋지게 재기한 사장님이 운영하는 곳이다. 처음부터 억대의 매출을 올렸던 것은 아니다. 프랜차이즈 분식집으로 시작했지만 생각만큼 수익이 나지 않자 브랜드 간판을 과감히 떼어내고 개인 상호의 분식집으로 거듭난 곳이다.

프랜차이즈 매장이 아니다 보니 차별화된 음식 맛을 내기 위해서 부부가 직접 음식에 들어가는 소스 하나까지도 개발하는 노력을 기울였다. 주문받은 음식을 오토바이로 배달할 때에도 다른 매장과 차별성을 두고 신뢰감을 주기 위해 와이셔츠에 넥타이를 맨 차림으로 배달을 했다고 한다. 나름대로 자신만의 영업방식을 고수하며 믿고 먹을 수 있는 음식점이라는 이미지를 만들었다. 그리고 평범한 홍보방식이 아닌 자신만의 방식으로 적극적으로 가게를 홍보하며 노력한 결과, 작은 분식집에서 연매출 7억 원이라는 결과를 낼 수 있었던 것이다.

성공한 사람들을 보면 평범함을 넘어선 그 이상의 노력이 있다는 것을 알 수 있다. 시식용 김밥을 들고 다니며 가게를 홍보하고, 손수 적은 편지를 잠재고객에게 보내며 가게를 알렸던 분식집 사장님처럼 생각했던 일을 행동으로 옮기는 것은 쉬운 일이 아니다. 누구나 '나도 저렇게 하면 성공하겠다'는 생각을 하지만 막상 행동으로 옮기는 사람은 많지 않다. 가게를 잘 운영할 수 있는 방법이 생각났다면 지금 바로 실천해야 한다. 당장 생각나지 않더라도 자신이 할 수 있는 방법을 찾고 노력한다면 누구나 잘되는 가게를 만들 수 있다.

평범한 방법으로 가게를 운영하고 또 평범한 서비스로 고객을 대한다면 대박 나는 가게가 되는 것은 어렵다. 당신의 가게가 고객들이 줄 서는 가게가 되기를 바란다면 자신만의 방법을 만들고 평범함을 넘어선 비범함을 추구하는 자세로 생각한 것을 바로 행동에 옮기는 행동력이 필요하다.

강원도 속초의 한 시장에 가면 작은 호떡 가게에서 8년 만에 40억 원의 재산을 일군 부부가 있다. 고작 한 개에 1,200원 하는 씨앗 호떡을 팔아서 일군 재산이다. 주말에는 평일의 네 배 이상이 되는 고객들이 찾는다고 한다. 호떡 가게를 시작했을 당시, 그들에게도 시련은 있었다. 장사를 하겠다는 마음을 먹고 부산에서 유명하다는 호떡 달인을 찾아가서 배웠다. 그렇지만 단기간에 달인의 노하우를 모두 전수받기란 불가능하다는 생각에 또다시 두 번째 스승에게 찾아가서 배웠다. 그렇게 해서 시장에서 처음으로 가게를 열었지만 장사가 잘 안되었다고 한다. 마지막이라는 생각으로 세 번째 스승에게 찾아가 노하우를 전수받았고 1년간의 피나는 노력 끝에 대박 가게라는 결실을 이루게 되었다.

호떡 가게 사장은 단순히 세 명의 스승에게서 호떡 굽는 기술을 배웠기에 대박 나는 가게를 만들 수 있었던 것이 아니다. '모방은 창조의 어머니'라는 말이 있듯이 스승에게 가르침을 전수받고 호떡에 사용되는 재료를 아낌없이 사용한다는 철칙으로 자신만의 노하우를 더하는 노력을 했다. 그는 과거에 사업 실패를 거듭 겪으면서 '사장이 직접 발로 뛰지 않으면 가게는 망하게 되어 있다'는 깨달음을 얻고 재료 준비 단계부터 판매하는 모든 과정을 직접 하게 되었다고 한다.

잘되는 가게의 조리법 노하우를 배웠다고 해서 똑같이 성공한다는 보장은 없다. 지역적 특색이나 가게 운영 방법 등 모든 것이 똑같은 상황이 아니기 때문이다. 노하우를 전수받은 후 자신만의 색깔을 더해야 비로소 성공에 이를 수가 있다. 억대의 매출을 올리는 곳은 모두 가게를 운영하는 자신만의 방법을 만들고 직접 발로 뛰며 성공의 길을 개척한 사람들에 의한 곳이다.

동네의 작은 분식집으로 시작해서 지금은 어엿한 프랜차이즈로 성장시킨 여사장님이 있다. 그녀는 분식집을 운영할 당시 한 여성 고객이 떡볶이를 먹는데 국물이 옷에 묻을까 봐 불편하게 먹고 있는 모습을 봤다고 한다. 그 모습을 본 후 여성 고객이 여왕처럼 우아하게 떡볶이를 먹을 수 있도록 만들어야겠다는 생각을 했다고 한다. 그래서 숟가락으로 떠서 먹을 수 있는 국물 떡볶이를 개발하게 되었고, 맛도 좋아 입소문이 나면서 지금은 체인점을 거느린 프랜차이즈의 사장님이 되었다.

심지어 본점은 몇 분 동안 길게 늘어서 기다려야 할 정도로 유명한 떡볶이 가게가 되었다. '고객을 왕처럼 모셔라'라는 서비스 교육을 받은 사람이라면 이 말을 알 것이다. 고객을 왕처럼 모시는 것에서 착안하여 대박 난 가게를 만들 수 있었던 그녀처럼 고객이 대접받는다는 생각이 들 수 있도록 만드는 서비스를 제공하는 것 또한 억대 매출을 올리는 가게의 비결이다.

학생이 책상 앞에 오래 앉아만 있다고 해서 전교 1등이 될 수는 없다. 짧은 시간 공부를 하더라도 집중해서 하는 학생의 성적이 더 잘 나오게 되어 있다. 그렇듯이 하루 중 무조건 오랜 시간 가게 일을 하기보다는 당신만의 방법을 찾아서 선택과 집중으로 일에 매진해야 한다. 일하는 시간 동안 남들이 평범하게 일하는 두 배 이상의 노력을 기울이면서 작은 가게에서 억대 매출을 올리고 있는 그들처럼 평범함을 넘어선 비범함으로 당신만의 길을 개척해야 하는 것이다.

02

왜 작은 가게로
시작해야 할까?

누구나 좋은 차를 타고 좋은 집에 살고 싶어 하며 멋진 옷을 입기를
원한다. 가게를 시작하려는 사람들 중에는 그들의 희망에 부합하려
는 듯 넓은 평수의 가게를 구해서 인테리어에 많은 돈을 투자하는
사람이 있다. 가게를 개업하고도 여유의 자본이 있는 상황에서 크
고 화려한 가게를 운영하는 것이라면 실패하더라도 다시 일어설 수
있는 기회가 있다. 그러나 자신의 재정 상황을 고려하지 않은 채 대
출을 해서라도 무리하게 시작하는 경우가 있다. 이런 경우 경기 불
황으로 가게 매출이 반 토막이 나거나 여러 가지 이유로 실패를 하
게 된다면 어떻게 될까? 수입은 없지만 당장 대출 이자를 감당해야
하고 폐업하기 전까지 가게 유지비며 각종 세금 등의 지출로 인해

생활이 더 힘들어질 것이다.

실제로 A씨의 경우 50평 정도의 매장에 브랜드 의류 가게를 개업했지만 수익이 날 만큼 장사가 잘되지 않았고 순이익보다는 지출되는 비용이 더 많았다. 그래서 1년도 되지 않아 가게를 그만두게되었다. 그렇지만 큰 평수의 가게에 선뜻 들어오려는 세입자가 나타나지 않아서 임대기간이 만료되기 전까지 꽤 큰 금액의 임대료를내야 하는 상황까지 발생했다. 고정비용이 계속해서 지출되고 있는것이다.

크게 시작해서 실패하면 작게 시작한 것보다 더 많은 고통을 겪어야 하며 성공한다는 보장도 없다. 현재의 재정적 형편에 맞는 작은 가게를 선택하더라도 아이템이 확고하다면 위험부담을 덜고 가게를 운영해 나갈 방법은 얼마든지 있으니 무리하게 시작할 필요가없다.

가족과 직장인들을 겨냥한 고깃집이 돈을 많이 벌 수 있다는 정보를 알게 된 P사장이 있다. 그는 기존에 하고 있던 사업이 잘되지않았던 터라 곧바로 사업을 정리하고 100평대의 부지에 2층으로 건물을 신축하여 돼지고기 전문점을 개업했다. 큰 건물의 식당이었기때문에 개업 첫날부터 사람들의 호기심을 자극했고 한 달 동안은장사가 그럭저럭 잘되었다. 그렇지만 식당을 운영한 경험도 없고,고기에 대한 전문적인 지식도 없이 돈을 많이 벌 수 있다는 이야기만 듣고 무작정 큰 점포의 고기 전문점을 개업한 것이 화근이었을까? 고기 질과 맛이 별로라는 고객들의 평가가 입소문 나기 시작하면서 날이 갈수록 손님은 줄었고 결국 개업한 지 3개월도 채 되지 않아서 문을 닫게 되었다.

메뉴를 달리하여 다시 식당을 개업했지만 그래도 고객이 많이 찾는 식당은 되지 못했다. 업종 변경을 할수록 고객들에게 장사가 안 된다는 인식을 더 심어준 꼴이 된 셈이었다. 장사가 안되어 메뉴를 변경해서 다시 개업을 하겠다는 결심을 하기까지 P사장의 심신 또한 괴로웠을 것이다. 수입은 적지만 매달 고정으로 지출되어야 할 직원의 인건비와 각종 세금으로 인한 비용이 컸기 때문이다. 큰 가게가 업종 변경을 하게 되면 그에 따른 비용도 많이 든다. 음식에 맞는 테이블과 간판을 큰 평수에 맞추어 다시 제작해야 하기 때문이다. 만약 처음부터 작은 가게로 시작했다면 시행착오는 겪겠지만 재정적인 지출 면에서는 출혈이 덜했을 것이다.

무작정 크고 화려하게 장사하면 잘될 것이라는 막연한 생각만으로 가게를 시작했다가 본전도 못 건지고 실패하게 되는 경우는 허다하다. 이런 경우 재정적인 부담뿐만 아니라 심리적인 부담 역시 크다는 것을 알아야 한다. 실패한 후에 오는 상실감으로 다시 재기하는 것을 힘들어 하는 사람이 많다. 마치 값비싼 한우를 매일 먹다가 끼니를 겨우 때울 정도로 생활이 힘들어졌지만 다시 닭고기 정도는 먹을 수 있는 상황이 올 수 있다. 그렇지만 한우를 먹던 시절이 생각나서 닭고기로는 만족을 못하는 것과 같다. 크고 화려한 가게에서 장사하던 사람이 주변 사람들에게 비춰질 체면 때문에 혹은 자신의 자존심 때문에 작은 가게로 시작하는 것을 만족하지 못할 수도 있다는 것이다. 그와는 반대로 작게 시작해서 크게 키워간다면 성취감을 느낄 수 있어서 더 열심히 일할 수 있는 원동력이 될 것이다.

작게 시작하더라도 알차게 돈 벌고 있는 가게는 얼마든지 있다. 고등학교 때 친구 동네에 10평 남짓한 치킨집이 있었다. 가게를 임대해서 60대의 할머니가 장사를 하던 곳이다. 그곳을 지나갈 때 마다 테이블에 손님들이 가득 찼던 모습이 창밖 너머로 보였다. 할머니가 혼자 운영했기 때문에 배달은 하지 않았고 직접 먹으러 오는 손님에 한해서 장사를 했다.

그녀는 자신만의 방법으로 가게를 운영했다. 할머니라는 이미지가 연상케 하는 포근함을 살려서 고객들에게 친근한 인상을 심어주었다. 그리고 넋두리나 고민거리 등 고객들의 이야기를 잘 들어주는 것으로 언제든 그들의 고민 상담사가 되었다. 다른 가게는 늦은 밤 문을 닫고 퇴근할 때에도 할머니는 집에서 기다리는 가족이 없었기에 늦은 시간까지 가게 일을 할 수 있었다. 그래서 밤늦게 치킨이 먹고 싶은 고객은 자연스레 할머니 가게를 찾게 되었고 시간이 갈수록 매출은 올랐다. 꾸준히 장사가 잘되자 어느 날 할머니가 장사를 하고 있던 2층 건물을 매입했다는 소문이 들려왔다. 10평 남짓한 곳에서 얼마나 많은 매출을 올릴 수 있을까 걱정했었지만 예상과는 반대로 많은 수익이 발생하고 있었던 것이다.

작은 가게라고 해서 매출도 적은 것은 아니다. 작은 가게에서 부부가 같이 일을 하거나 혹은 혼자의 힘으로 가게를 운영한다 하더라도 얼마든지 크게 성장할 수 있다. 치킨집의 할머니처럼 자신이 가진 장점으로 고객에게 다가간다면 고객의 입소문으로 대박 나는 가게로 만들 수 있다.

크고 화려하게 시작하는 것보다 작게 시작하는 것이 운영자의 입장에서는 마음의 부담이 덜하다. 큰 가게로 시작하면 가게에 투자한 비용을 생각해서 많은 매출을 올려야 한다는 조급함이 생긴다. 그런 조급한 마음이 고객에게 친절한 서비스를 제공해야 한다는 생각보다 매출을 올리는 것에 더 많은 신경이 쓰이게 될 수 있다. 그런 마음으로 장사를 시작한다면 마음의 여유를 가질 수 없다. 작은 가게에서 시작하여 차근차근 성장해 나간다는 생각을 한다면 당장 매출을 올려야 한다는 압박감도 덜할 것이고 성장시키는 과정에서 성취감도 대단할 것이다.

"네, 분식집입니다."

"음식 주문 좀 하고 싶은데요, 야외에서 일하고 있는 중이라서 거리가 좀 멀어도 배달이 가능한가요?"

"네, 얼마든지 배달해드립니다."

"다행이네요, 음식 10인분 배달 좀 해 주세요."

시장에서 작은 분식집을 운영하고 있는 부부가 있다. 10평 정도

되는 가게에서 억대의 매출을 올릴 수 있는 이유는 고객들의 요구에 부합하는 가게 운영을 하고 있기 때문이다. 단체 고객의 음식 배달 요청이 있을 때에는 먼 거리라도 기꺼이 마다하지 않고 국수 한 그릇이라도 정성껏 배달한다. 내방 고객보다는 배달 고객 위주로 운영을 하고 있기 때문에 작은 가게로도 충분하다. 큰 가게에 비해 가게 유지비가 절반 넘게 절약되며 그 금액은 고스란히 순수익으로 남는다.

크게 시작하지 않는다고 해서 매출도 부진할 것이라는 생각은 버려라. 작은 가게로도 충분히 내실 있고 알찬 가게를 만들 수 있다. 그것이 바로 남들 보기에만 좋고 화려한 큰 가게로 시작하기보다는 작은 가게로 시작해야 하는 이유이다.

03

억대 매출을 올리는 가게의
3가지 공통점

억대 매출을 올리는 가게의 특징은 어떤 것이 있을까? TV에 소개되거나 혹은 주위에서 볼 수 있는 대박 가게의 성공스토리를 보면 그들도 처음부터 잘되는 가게가 아니었다는 것을 알 수 있다. 수학을 잘하는 학생이 기초 공식부터 배워서 어려운 문제를 풀어가듯이 가게를 운영하는 일도 기본부터 배우면서 성장해나가야 내실 있고 탄탄한 가게를 만들 수 있다. 억대 매출을 올리고 있는 가게들은 모두 그 기본을 바탕으로 성공한 가게들이다. 그들의 공통점을 알아보자.

첫째, 고객의 귀찮음을 해결하라.

사람들은 밥하기 귀찮을 때 외식하거나 배달음식을 시켜 먹는 경우가 많고 반찬 만드는 것이 번거롭다고 느낄 때는 반찬을 사먹기도 한다. 사람들이 꺼려하고 귀찮아하는 일을 해서 대박 난 가게들이 있다. 집으로 포장해 가서 바로 구워 먹을 수 있도록 생선을 손질해서 판매하는 생선 가게에는 늘 사람들이 붐빈다. 아파트나 일반 가정집에서는 숯불을 피워놓고 고기를 구워 먹을 수가 없기 때문에 숯불에 고기를 구워 주는 가게에 사람들이 붐비기도 한다. 이렇게 사람들이 힘들어 하거나 또는 쉽게 할 수 없는 일을 한다면 고객들이 많이 찾는 가게가 될 것이다.

생선구이를 전문으로 판매하는 식당이 있다. 고속도로에 진입하기 직전의 도로변에 위치한 식당인데 항상 손님들로 가게가 붐빈다. 한 끼 식사로 영양가 있는 생선을 저렴한 가격으로 먹을 수 있기 때문이다. 젊은 연령대의 경우 집안에 냄새 배는 것이 신경 쓰여 집에서 생선을 굽는 것을 꺼려하는 경우가 많고 생선 굽는 것이 익숙하지 않은 주부들도 많다. 나 역시 그런 이유로 그곳을 자주 찾고는 한다.

생선구이 한 접시를 주문하면 네 가지 종류의 생선구이가 나온다. 고객의 입장에서 한 번에 여러 종류의 생선을 먹을 수 있다는 것이 장점이다. 그뿐만 아니라 푸짐한 반찬에 밥 한 공기를 더 주문해도 추가 금액을 받지 않아 집밥을 먹는 기분이 든다. 그런 점이 항상 고객들로 붐비는 이유일 것이다.

경기도에 위치한 시장에 가면 나물을 팔아서 연매출 6억 원의 수입을 올리는 가게가 있다. 나물을 다듬고 데치는 것에 귀찮음을 느끼거나 힘들어 하는 주부를 위해 데친 나물을 판매하는 것이다. 삶아놓은 나물을 집에 가져가서 바로 음식을 해먹을 수 있고 또한 제철 나물을 맛볼 수 있기에 찾는 사람들이 많다고 한다. 주부들의 귀찮음을 해결해주는 아이템으로 승부를 거니 수익이 절로 따라온다는 것을 알 수 있다.

둘째, 가게에서 올리는 매출을 다각화하라.

통닭 가게라고 해서 통닭만 판매하는 것이 아니라 생맥주와 음료 등 그와 관련된 음식들도 판매를 하면서 수익을 올리는 것을 봤을 것이다. 이와 마찬가지로 주 메뉴의 음식 외에 부수입으로 매출 상당 부분에 영향을 끼치는 가게가 있다. 서울의 어느 동네에 매운 맛으로 유명한 짬뽕 가게의 이야기다. 음식을 먹다가 기절한 사람이 있을 정도로 매운 짬뽕을 파는 식당이다. 짬뽕을 먹고 매운맛을 견디기 힘들어 하는 사람들을 위해 시원한 음료와 우유, 그리고 아이스크림을 같이 판매하고 있다. 매운 짬뽕과 음료 등을 판매하면서 연매출 6억 원이 넘는 수입을 올리고 있다고 하니 교차 판매(기존 고객을 대상으로 추가 상품을 더 판매해서 얻는 수익)의 위력도 대단하다는 것을 알 수 있다.

유독 카페가 많은 한 동네가 있다. 그 동네의 카페는 모두 어디서

나 흔히 사 먹을 수 있는 커피 종류와 디저트를 판매한다. 경쟁 가게가 많아서 그것만으로 차별성을 두기 어렵고 수익을 내기가 힘들다고 판단한 어느 카페는 브런치를 먹으러 오는 고객을 겨냥한 샐러드와 피자도 함께 판매한다. 포장도 가능하기 때문에 브런치뿐만 아니라 저녁에 먹을 수 있는 한 끼 식사로도 충분해서 어린 자녀가 있는 고객들도 그 카페를 많이 이용한다. 이 카페처럼 경쟁 가게가 많아서 수익을 내기 어렵다고 생각한 가게의 경우는 추가 상품을 판매하여 수익을 올릴 수 있는 방법을 생각해 봐야 할 것이다. 가게에 내방하는 고객을 관찰해 보자. 그들의 입장에서 생각해 본다면 추가적으로 판매하여 수익을 올릴 수 있는 상품이 무엇인지 알 수 있을 것이다.

셋째, 고객의 시선을 강탈하라.

회전 초밥집에 가면 요리사가 직접 초밥을 만드는 모습을 볼 수 있다. 음식을 만드는 장면을 눈앞에서 보기 때문에 고객은 믿고 먹을 수 있는 음식이라는 신뢰감이 든다. 횟집에 가서 음식을 먹을 때 요리사가 직접 회를 뜨는 모습을 볼 때도 회가 더 신선하고 맛있어 보이는 시각적인 효과가 있다. 고객에게 보여지는 모습만으로도 믿고 구매할 수 있겠다는 가게 이미지를 만들 수 있는 것이다.

식당과 정육점을 겸해서 운영하고 있는 고깃집에 많이들 가 보았을 것이다. 고기를 구워 먹을 수 있는 식당과 고기를 판매하는 정육점이 같이 있는 곳이다. 고기를 주문하면 종업원이 정육점에 있는 고기를 바로 가져다 주는데 그런 모습을 봤을 때 왠지 모르게 고기가 더 신선하고 맛도 좋다고 느껴진다.

내가 아는 어느 쇠고기집도 식육점과 같이 운영하며 고객에게 보여지는 신뢰를 쌓았다. 그것이 억대 매출을 올리는 비법 중의 한 가지가 되었다. 처음 방문한 고객에게도 마치 단골고객을 대하듯 친절하고 다정한 말투로 대하니 단골고객은 충성고객이 되고 신규고객은 점점 늘고 있어서 가게가 더 많이 번창하고 있다. 처음 오는 고객, 낯선 고객일지라도 고객에게 보여지는 사장님의 모습은 단골고객을 대하듯 다정하게 비춰지니 가게에 대한 좋은 인상은 차곡차곡 쌓였을 것이다.

외국 브랜드의 프랜차이즈인 한 샌드위치 전문점은 주문한 샌드위치를 만드는 과정을 고객이 바로 볼 수 있도록 매대를 만들어 놓았다. 고객이 보는 앞에서 직접 만드는 모습을 보여주니 역시 고객은 믿고 먹을 수가 있다는 신뢰감이 생기는 것이다. 식사 시간에는 항상 대기 중인 고객들로 줄이 길게 늘어선 모습을 볼 수 있다.

어느 한정식 식당은 종업원들이 모두 생활한복을 입고 서빙하는 모습을 볼 수 있다. 한식이라는 이미지에 어울리는 생활한복을 입고 일하는 모습이 정갈해 보이고 식당 이미지도 덩달아 깔끔하게 보인다. 일반 옷이 아닌 한복을 입고 일하니 직원들의 서비스에서도 고급스러움이 느껴지며 대접받는다는 생각이 들었다. 이곳 역시 억대가 넘는 연매출을 올리고 있다고 하니 다른 가게와 차별되는 점을 고객에게 보여주는 것이 얼마나 중요한지 알 수 있다.

억대 매출을 올리는 가게는 평범한 방법으로 돈을 벌지 않는다. 물건을 파는 방법뿐 아니라 고객을 대하는 방법까지도 특별한 방식으로 접근해야 그들의 마음을 사로잡을 수 있다는 것을 안다. 그런 방법이 매출로 직결되는 것이다. 연인 사이에서도 상대방 마음은 헤아리지 않고 자신의 방식대로만 대하려고 한다면 그 관계는 오래가지 못한다. 정작 자신은 잘 대해준다고 생각하지만 상대방이 원하는 방식이 아니기 때문에 오래가지 않아 불만이 생기기 마련이다. 마찬가지로 고객들의 마음을 헤아리는 대신 무조건 물건만 판매하려는 영업방식을 고수한다면 꾸준히 잘되는 가게가 되기 어렵다. 가게 매출이 오르지 않아서 힘들다면 억대 매출을 올리고 있는 가게들을 벤치마킹해 보자. 그들의 대박 나는 가게 경영 노하우에 당신만의 방법을 더할 때 억대 매출을 올리는 가게가 될 수 있을 것이다.

04

잘되는 가게는
고객이 알아서 찾아온다

식당에 밥을 먹으러 가거나 어떤 물건을 사게 될 경우 주위 사람의 추천이나 소개에 의해서 가게를 선택하는 경우가 종종 있다. 시장을 보러 갈 때에도 신선한 식품을 파는 가게와 양을 조금 더 담아주는 가게의 정보를 듣고 구매하러 가기도 한다. 요즘은 블로그나 SNS에 올라온 글을 보고 일부러 맛집을 찾아가는 일도 있으니 개업한 지 얼마 안된 가게라도 홍보만 제대로 한다면 고객이 저절로 찾아오는 가게로 만들 수 있다.

홍보 효과로 고객들을 유치하는 것까지는 성공하지만 음식 맛이 별로이거나 물건의 품질이 기대 이하라도 잠깐 동안은 매출이 오를 수 있다. 그러나 꾸준히 매출을 올리기는 어렵기 때문에 고객들의 구매평이 좋지 않다면 잠재고객도 생기지 않는다는 것을 알아야 한다.

1년 전 어느 날 며칠째 몸에 기운이 없다고 어머니께 말씀드렸더니 한약을 잘 지어주는 유명한 곳이 있다며 데리고 가셨다. 지인에게 추천받은 곳으로 집에서 1시간 30분 정도 차를 타고 가야 하는 지역에 있었다. 도착한 한의원은 눈으로 보기에도 30년은 넘게 운영하고 있는 곳으로 보였다. 내가 의원 안을 두리번거리자 한의사가 말했다.

"허름해 보여도 전국 각지에서 약을 지으러 옵니다."

"그런가요? 어떤 고객들이 주로 오나요?"

"불임으로 마음고생이 심한 여성들에게 약을 잘 지어준다는 입소문이 나서 전국 각 지역에서 찾아옵니다."

70대로 보이는 한의사가 운영하는 곳인데 인터넷으로 홍보를 한 적이 없다고 하니 실력만으로 입소문이 난 것이다. 약을 먹고 효과를 본 사람들에 의해서 소문이 나면서 '불임 한약' 하면 이곳을 떠올릴 정도로 유명해졌다고 한다. 허름해 보이는 한의원에 전국에서 많은 고객이 알아서 찾아온다고 하니 입소문의 효과가 대단하다는 것을 알 수 있었다.

홍보만 제대로 하면 잠재고객을 단골고객으로 만드는 것은 쉽다. 그러나 한의원처럼 홍보를 직접적으로 하지 않더라도 물건을 구매하거나 음식을 먹어본 고객이 좋은 평가를 내고 SNS에 글을 게시

하는 것만으로도 전단지를 돌리는 것 이상의 효과를 볼 수 있다. 고객이 알아서 찾아오는 가게를 만들려면 물건의 품질이 좋거나 음식 맛이 훌륭해야 하는 것은 당연하고, 고객들에 대한 서비스 평가가 좋아야 그들에 의해서 입소문이 제대로 날 수가 있다. 반면에 서비스가 좋지 않다면 그것 역시 입소문이 나면서 잠재고객을 잃게 되는 일이 생긴다. 그러니 가게를 운영하는 사장이라면 어느 것 하나 소홀히 할 수 없는 부분이다.

내가 대학생 때 중저가 브랜드 의류점에서 아르바이트를 했던 적이 있다. 매장에 진열된 의류 중 디자인이 예쁘게 나온 셔츠가 한 종류 있었는데 당시 유행하던 디자인으로 가격도 저렴해서 학생들이 사서 입기에 부담 없는 옷이었다. 고객으로 왔던 여학생에게 그 옷을 판매했더니 다음 날 그 학생의 친구가 와서 똑같은 옷을 구입해갔다. 물어보니 가격이 저렴하고 친구가 입은 옷이 예뻐 보여서 구입하러 왔다는 것이다. 옷 판매가 잘되어 마네킹에 입혀놓은 옷 밖에 남지 않았다. 그런데 며칠 사이에 학생들 사이에서 입소문이 났는지 두세 명의 학생이 같은 옷을 구매하러 왔다. 재고가 없어서 판매할 수 없다고 말하자 마네킹에 입혀놓은 옷이라도 구입하겠다는 것이었다. 그렇게 해서 마지막 남은 재고 하나까지 팔았던 기억이 있다. 입소문이 얼마나 중요한지 실감하는 순간이었다. '잘되는 가게는 입소문만 제대로 나도 고객들이 저절로 찾아오는구나.'라는 생각이 들었다. 특히 같은 공간에서 공부하며 하루를 보내는 학생들 같은 경우에 입소문만으로 잠재고객을 만드는 위력은 더 대단할 것이다.

내가 일하는 농협은 매장 내에 작은 마트도 같이 운영한다. 2년 전 근무한 지점은 여자고등학교와 중학교가 있는 지역이었는데 학생 수가 많은 곳이 아니었기에 학교 내에 매점이 없었다. 그래서 쉬는 시간만 되면 많은 학생들이 농협 내에 있는 마트에 와서 과자나 빵 종류 등 배를 채울만한 식품을 사먹었다. 저렴하고 맛있는 식품이 있으면 진열해 놓기가 무섭게 금방 동이 나곤 했다. 한 명의 학생이 구매해 가면 학교 내에 금방 소문이 퍼져서 많은 학생들이 그 식품을 사기 위해 찾는 것이다. 입소문의 위력을 알기에 맛있고 저렴한 식품을 엄선해서 진열해 놓는 수고로움이 있었다.

짧은 시간에 수십 명의 학생들이 몰려오지만 학생 개개인에게 친절하게 대했다. 직원이 불친절하다는 인상을 남기면 그것 역시 입소문이 나게 되어서 안 좋은 영향을 미칠 것이라는 것을 알기 때문이다. 고객이 학생이지만 어느 것 하나 소홀히 해서는 안 되었다. 친절한 가게라는 인식을 심어줘야 그들이 부담 없이 가게에 찾아올 것이고 꾸준히 매출을 올릴 수 있다. 좋은 상품을 판매하는 것뿐만 아니라 구매평에도 신경을 쓴다면 잠재고객들까지도 저절로 찾아오는 가게로 만들 수 있다.

부산의 어느 지역에 팥빙수로 유명한 가게가 있다. 요즘은 팥만 넣은 빙수가 아닌 여러 가지 신선한 과일을 재료로 해서 만든 빙수도 나온다. 하지만 이곳은 가마솥에 팥을 끓이는 옛날 방식으로 빙수를 만들어서 판매하는 곳이다. 사장님은 새벽 5시에 일어나 큰 가마솥에 섭씨 50도의 열기를 견디며 4시간 동안 팥을 직접 저어가며 삶는다고 한다. 팥뿐만 아니라 팥빙수에 들어가는 재료인 떡까지도 직접 만들어서 사용한다고 하니 정성이 대단하다는 것을 알수 있다. 전통적인 맛의 팥빙수를 파는 이곳은 성수기에만 월 1억원이 넘는 매출을 올린다고 하니 얼마나 많은 고객이 찾는지 짐작할 수 있다.

무더운 여름철에는 야외에서 활동하는 사람들을 위해서 철가방통에 팥빙수를 넣어 배달하는데 내방 고객뿐만 아니라 배달 고객에게도 신경을 많이 쓴다. 팥빙수 하나만으로 성수기에만 억대 매출을 올리는 이곳은 하루에 네 번도 먹고 가는 손님이 있을 정도로 맛있기로 소문난 곳이다. 가게에서 팥빙수를 먹은 고객은 대부분 빈손으로 가지 않고 포장해서 가는 고객이 많다고 한다. 그들이 포장해 간 팥빙수를 먹어본 가족이나 친구들은 그 맛에 반해 그들도 가게를 찾는 고객이 된다고 하니 한 번 왔던 고객의 가족과 친구까지도 잠재고객이 된다는 말이다.

잘되는 가게는 고객들의 입소문만으로도 알아서 찾아온다. 잠재고객을 단골로 만드는 방법은 음식 맛이 훌륭하다든지, 상품의 질이 좋다는 기본적인 것 외에도 고객을 대하는 서비스가 좋다는 평도 한몫해야 한다. 인심이 야박하거나 불친절한 서비스를 하는 가게보다 이왕 물건을 구입하거나 음식을 먹을 것이라면 자신에게 친절하게 대해준 가게에 한 번이라도 더 가고 싶은 마음이 든다. 그런 마음이 들 때 주위 사람들에게도 좋은 평가를 해 줄 것이다. 신규고객까지도 단골로 만들기 위해서는 당신의 가게에서만 제공하는 특별한 서비스를 만들어야 한다. 마치 연인을 대하듯 그들의 마음을 헤아려 주는 서비스를 하게 될 때 고객이 알아서 찾아오는 가게가 된다.

05

잘되는 가게는
사장의 마인드부터 다르다

잘되는 가게의 사장 마인드는 어떨까?

무더운 여름 날씨는 한풀 꺾였지만 늦더위가 있는 어느 날이었다. 나는 서울에서 집으로 돌아가는 길에 점심을 먹기 위해 버스터미널의 한 식당에 들렀다. 수제비를 파는 작은 분식집이었는데 벽쪽 테이블에 자리를 잡고 앉았다. 사장님이 주방에서 나오더니 내가 앉은 자리는 에어컨 바람이 가지 않아서 더우니 시원한 자리로 안내를 해 주는 것이다. 고객이 어디에 앉든지 신경 쓰지 않아도 되는 일이었지만 나는 배려를 받는다는 생각에 기분이 좋았다. 음식을 편하게 먹을 수 있게 신경 써주는 사장님의 마음이 느껴졌기 때문이다.

고객의 입장에서 생각하는 것이 사장의 기본 마인드이다. 고객과는 상관없이 사장의 편의대로 가게를 운영한다면 매출은 발생할지언정 잘되는 가게는 될 수 없을 것이다. 고객이 무엇을 필요로 하는지 직접 말하지 않아도 그들의 입장에서 생각하며 먼저 서비스를 제공해 주는 자세를 가져야 한다. 그런 마인드로 고객을 대한다면 매출은 자연스럽게 오르게 되어 있다. 그 어떤 친절한 서비스를 제공 받는다 해도 비난할 고객은 없다. 오히려 생각지도 못한 부분에서 받은 친절이라면 감동 받을 것이다. 그런 작은 서비스 하나로 단골고객이 될 가능성은 높아진다.

음식점이라면 한겨울에 차디찬 물수건을 가져다주는 대신 따뜻하게 데워진 물수건을 제공하는 것도 사소한 서비스 중의 하나다. 음식점에서 일반 정수기의 물을 고객에게 제공하는 대신 끓인 물을 고객에게 제공한다면 고객은 자신이 대접받는다는 생각이 들 것이고 사장님의 정성을 충분히 느낄 수 있을 것이다. 나 또한 식당에 가면 정수기 물은 잘 먹지 않는다. 대신 끓인 물을 대접 받으면 기분이 좋고 고객을 위한 배려를 한다는 것을 느낄 수 있다. 끓인 물하나로 가게의 서비스가 좋다는 생각이 들게 하니 사소한 한 가지의 서비스가 전체의 이미지를 좌우한다 해도 과언이 아니다.

우리가 식당에 가보면 실내가 지저분하게 보이는 가게가 있다. 밥을 먹으러 가서 오히려 입맛이 떨어지는 경험을 한 번쯤 해 보았을 것이다. 식당은 청결과 위생이 우선인데 일이 바빠서 혹은 가게가 워낙 작으니 어떻게 할 수 있는 방법이 없어 깨끗이 하기가 힘들다는 핑계를 댈 수도 있다. 고객들이 자기 집에서 밥을 먹지 않고 식당에 가서 돈을 지출하며 밥을 먹는 이유는 한 끼 배고픔을 해결하려는 이유도 있지만 상대의 서비스를 받기 위해서다. 깨끗한 식당에서 친절한 서비스를 받으며 밥을 먹는다면 기분이 얼마나 좋을까? 다시 찾고 싶은 마음이 자연스레 들 것이다.

작은 식당에 들렀지만 지저분한 인테리어에 테이블 위는 정리정돈이 잘 안 되어 있는 가게라면 고객은 밥을 먹고 싶기는커녕 가게를 나오고 싶을 것이다. 청결은 가게의 기본이지만 작은 가게일수록 청결에 대한 인식이 잡혀 있지 않은 경우가 많다. 인테리어에 값비싼 돈을 들여서 화려하게 꾸미라는 뜻이 아니다. 최소한 깔끔한 이미지로 보일 수 있도록 정리정돈을 잘하라는 의미다. 장사가 잘 안돼서 내부에 신경 쓸 여유의 자본이 없다거나 이대로 현상유지만 하면 된다는 생각으로 청결에 신경을 쓰지 않는다면 잘되는 가게가 되기는 어렵다.

어떤 가게든지 고객을 상대하는 곳이라면 내 집 안방보다 더 깨끗하게 관리해야 한다. 물건을 파는 곳이라면 상품을 진열해 놓은 진열대에 먼지가 쌓이는 것을 방치하지 말고 고객에게 신뢰감을 줄 수 있도록 정리정돈해야 한다. 음식을 파는 식당이라면 홀과 주방 그리고 화장실까지도 고객들이 불쾌감을 느끼는 일이 없도록 청결에 많은 신경을 써야 한다. 좋지 않은 이미지로 고객들에게 기억된다면 다음에 또 자신의 가게를 찾는 것을 기대하기는 어렵다. 깨끗한 이미지의 가게를 만들기 위해서는 '인테리어나 청소에 신경 써야 하는 것은 기본'이라는 자세로 운영을 해야 한다. 그 기본을 지킨 후에 고객에게 보여지는 사장의 모습에도 신경 쓰는 것은 어떨까?

식사를 하러 10평 남짓한 가게에 들어간 적이 있다. 음식을 만드는 주방장이 있고 사장은 서빙과 계산을 담당하는 작은 식당이었다. 그곳은 신발을 벗고 들어가는 좌식 테이블이었는데 자리를 잡고 앉자 사장님이 주문을 받으러 왔다. 나는 사장님을 보는 순간 그의 복장에서 불쾌감을 느꼈다. 더운 날씨였지만 자신이 덥다는 이유로 양말도 신지 않은 채 맨발로 홀을 돌아다니며 주문을 받았기 때문이다. 고객에게 보여지는 위생에는 전혀 신경 쓰지 않는 것처럼 보였다. 양말도 신지 않은 다른 사람의 맨발을 보며 밥을 먹는 것을 좋아하는 사람은 없다. '아무리 자신이 운영하는 가게라지만 너무 편한 복장으로 일하는 것이 아닌가?' 하는 생각이 들었다. 고객들에게 어떤 서비스를 제공해 줄 것인가를 조금만 생각하고 신경을 썼더라면 맨발로 홀을 다니며 서빙하는 일은 없었을 것이다. 나는 밥을 먹지 않고 나오고 싶었으나 혼자 식당에 간 것이 아니었기 때문에 어쩔 수 없이 식사를 하고 나왔다. 그렇지만 또다시 방문하고 싶은 곳은 아니었다. 인테리어나 내부 청결 상태를 보고 식당의 위생 상태를 판단하는 것은 고사하고 사장님의 맨발 복장에서 지저분하다는 인상을 받았기 때문이다. 자신 위주로만 생각한 아주 작은 행동 하나가 고객들에게는 안 좋은 인상을 남기는 것은 물론이고 불쾌감마저 줄 수 있다는 것을 알아야 한다.

작은 가게이지만 고객에게 보여지는 모습에 신경을 써야 한다. 유니폼을 입고 일하는 은행원이나 비행기 안에서 일하는 승무원처럼 예의를 갖추어 고객을 대한다는 생각을 해보자. 격식 있게 차려입고 고객을 대함으로써 고객은 자신이 대접받는다는 느낌을 받을 것이다. 복장 하나만 잘 갖춰 입어도 훨씬 좋은 이미지의 가게로 탈바꿈할 수 있다. 양복 입고 넥타이를 매고 일을 하라는 뜻은 아니다. 여성이라면 정장이나 원피스를 입고 일하라는 뜻도 아니다. 고객에게 예의를 갖출 수 있는 단정한 복장을 하고 고객을 대한다면 신뢰감을 갖게 하는 것은 물론이고 당신의 가게 또한 좋은 이미지로 거듭날 것이다. 의상 하나까지도 신경 쓰며 고객을 대하는 것이 고객을 위하는 마인드라는 것을 알아야 한다.

편한 자세로만 일하려고 하거나 혹은 고객의 입장은 무시한 채로 매출을 올리는 것에만 혈안이 되지 않아야 한다. 예를 들어, 식당이라면 고객에게 제공하는 채소를 대충 씻어서 내어주는 것이 아니라 자신의 가족들이 먹는다는 생각으로 제공한다면 그 정성을 고객들도 충분히 느낄 수 있다. 잘되는 가게와 안되는 가게를 보면 이런 사소한 것에서 차이가 난다. 안되는 가게는 바쁘다는 이유로 대충 매뉴얼대로 음식을 만들어서 손님에게 제공한다면, 잘되는 가게는 대충해서 고객에게 음식을 제공하는 것 자체가 사장 스스로 용납이 안 된다는 마인드를 가지고 있다.

고객에게 어떻게 하면 더 좋은 상품으로 차별화된 서비스를 제공할 수 있을 것인지 생각해 보자. 대박 나는 가게는 돈을 버는 것에만 연연하지 않고 고객의 입장에서 서비스를 제공하며 매출을 올리고 있다. 고객을 위하는 서비스를 제공했을 때 단골고객이 생기는 것은 물론이고 매출 또한 자연스럽게 오르게 되어 있다는 것을 알기 때문이다. 그렇지만 처음부터 대박 나는 가게의 사장 마인드를 갖기는 어렵다. 시행착오를 겪을 때마다 그런 마인드가 생긴다는 것을 안다면 배운다는 생각으로 가게를 운영해 나갈 수 있을 것이다. 한 가지 분명한 사실은 잘되는 가게와 안되는 가게는 사장의 마인드부터 다르다는 것이다. 어떤가? 당신도 고객을 먼저 생각하는 마인드로 바꿔서 대박 나는 가게로 만들고 싶지 않은가? 당신도 충분히 할 수 있다.

06

생각했다면
0.5초 만에 실행하라

치킨집을 운영하는 P사장은 시간이 갈수록 매출이 줄어들자 홍보할 방법을 궁리한 끝에 직접 거리에 나가서 사람들에게 전단지를 나눠줘야겠다는 생각을 했다. 그러나 생각해 볼수록 자신이 거리에 나가서 전단지를 돌리는 모습을 지인이 보기라도 한다면 사장 체면상 민망할 것이 뻔했다. 그래서 아르바이트생을 고용하여 전단지를 돌리려고 하니 매출도 부진한 마당에 아르바이트생을 고용하는 인건비가 부담이 되었다. 결국은 전단지 돌리는 홍보는 생각만 하고 행동으로는 이어지지 않았다. 늘 생각만 하다가 끝내는 상황에서 P사장은 아직도 불황 탓을 하며 치킨 가게를 근근이 유지하고 있다.

현재 자신의 재정상황도 고려해야 하는 것은 맞는 말이다. 그렇지만 당신의 가게를 홍보하여 매출을 올리는 것이 절박하다면 어떤 방법으로든 실행을 해야 한다. 그렇지 않으면 매출이 갑자기 늘어나는 일은 일어나지 않는다. 심지어 현재 매출을 유지하는 것만으로도 감사해야 하는 상황이 될 것이다. 경기 탓만 하며 자신은 고군분투하지 않는 상황에서 정작 자신을 도와주는 사람이 어디 있겠는가? 진정으로 원하는 것이 있다면 간절한 마음을 담아서 실행하는 노력을 해야 할 것이다.

어떤 일을 하는 것에 앞서 늘 생각만 하다가 끝내는 사람들이 많다. 하루 동안 수만 가지의 생각을 하고 머릿속에서는 열두 채의 집을 짓고 또 허무는 일을 반복한다. 그렇지만 결국은 겁이 나서 혹은 귀찮아서 아무 일도 하지 않고 현재의 상황만을 유지한다. 당신의 작은 가게를 고객들이 많이 찾는 가게로 만들려면 홍보할 수 있는 방법을 찾고 당장 실행으로 옮겨야 한다. 그래야 한 명의 고객이라도 더 유치할 수 있다. 그리고 그 고객의 지인까지도 잠재고객에서 단골고객으로 만들 수 있는 파급효과를 발생시킬 수 있는 것이다.

억대 매출을 올리고 있는 가게와 그렇지 못한 가게의 차이는 실행력에 있다고 해도 과언이 아니다. 성공한 가게를 유심히 관찰해보라. 그들은 장사가 안되었을 때 기존에 하던 방식만 고집하지 않는다. 끊임없이 잘될 수 있는 방법을 고민하고 생각한 것을 당장 실행으로 옮긴 사람들이다. 고인 물은 썩기 마련이다. 생각만 하다가 세월을 보내는 일은 하지 말도록 하자.

당신의 재정적인 부분을 감당할 수 있는 선에서 어떤 방법을 써서든지 즉시 시도해 보는 것이 좋다. 만약 실패하더라도 그 속에서 값진 교훈을 얻을 수 있다. 시도했지만 실패한 방법 말고 다른 방법을 써서 다시 일어서 보는 것이다. 하고자 생각했다면 당장 실행하라. 그 어떤 방법이든 당신의 직관을 믿고 할 수 있다는 자신감 하나만으로 생각을 행동으로 옮겨야 한다. '안 될 것 같다'는 이유를 생각하면 안 되는 이유는 수없이 많다. 하지만 될 수 있다는 1%의 가능성만 있어도 실행해 보도록 하자. '하늘은 스스로 돕는 자를 돕는다'고 하지 않던가. 자신이 하고자 한다면 방법은 얼마든지 생각나게 마련이다.

작은 호프집을 운영하는 A씨가 있다. 그는 1년 전 대학가 원룸촌 앞에 작은 호프집을 개업했다. 개업 일주일 동안은 할인 이벤트로 제법 많은 고객이 찾아왔지만 할인 기간이 끝나자 매출은 반토막으로 줄었다. 할인 전략을 매번 할 수는 없는 노릇이어서 A사장은 가게가 꾸준히 잘될 수 있는 방법을 생각한 끝에 영업 전략을 바꾸기로 결심했다. 그러고는 0.5초 만에 실행했다. 미혼 여성과 남성을 대상으로 만남을 주선해주는 서비스였다. 처음 한 달 동안은 매출에 큰 변동이 없었다. 어느 순간 입소문이 나면서부터 영업시간에는 늘 테이블이 만석이 되고 매출은 급상승하게 되었다.

그로부터 6개월이 지나자 A사장은 또 다른 전략을 세웠다. 현재 운영하고 있는 호프집 바로 맞은편 건물에 지금과 같은 서비스를 제공하는 호프집을 가게 이름만 달리 하여 개업한 것이다. 서로 상생하는 효과가 있어서 새로 개업한 호프집 역시 문밖에서 대기해야 할 정도로 고객이 많다고 한다. A사장은 호프집을 시작한 후 현재 아파트를 구입하고 고급 외제차를 타고 다닐 정도의 재력을 지녔다. 그가 생각만 하고 실행으로 옮기지 않았다면 어땠을까? 특색 없던 작은 호프집은 매출 부진으로 폐업을 했거나 폐업하기 일보 직전의 상황까지 갔을 것이다. 현재 상황에서 어떻게 가게를 홍보하면서 매출을 올릴 수 있을지 늘 고민해야 한다. 자신이 생각한 홍보 방법에 확신이 든다면 바로 실행하는 것, 그것이 A사장의 성공한 장사 전략이다.

일반 사람들 중에서도 돈을 더 벌고 싶거나 자신만의 가게를 차리고 싶어서 장사가 잘되는 아이템에 관심을 가지는 사람들이 많다. 그러나 그들 중에서 정작 작은 가게 창업을 실행으로 옮기는 사람은 몇 명이나 될까? 아침 7시에 일어나는 사람이 새벽형 인간이 성공할 수 있는 확률이 높다는 말을 듣고 새벽 5시에 일어나기로 마음먹었다고 하자. 마음을 먹는다고 해서 그 시간에 바로 일어나기란 쉬운 일이 아니다. 마음먹고 당장 일어나지 않는다면 내일이 되어도 그 시간에 일어나기란 힘들다.

자신은 막연히 성공하고 싶다는 생각만을 가질 뿐 현재보다 더 일찍 일어나야 하는 뚜렷한 이유가 없기 때문이다. 그러나 일찍 일어나는 것을 바로 실행했다면 이야기가 달라진다. 아침에 더 많은 시간을 자신을 위해 쓸 수 있고 어떤 생산적인 일을 하는 것에도 도움이 된다. 반대로 실행하지 않는다면 단지 잠을 자는 것에 더 많은 시간을 보내는 것뿐이다. 실행하는 것과 하지 않는 것이란 바로 이런 차이다.

자영업을 하고 있다면 누구나 지금보다 몇 배로 더 많은 매출을 올리고 싶다는 바람을 갖고 있을 것이다. 그런 생각이나 바람을 지금 당장 실행한다면 시간을 벌어들이는 것과 같다. 당신이 어떤 방법으로 가게를 운영하면 '대박 날 것 같다'는 생각을 했다고 가정하자. 그렇지만 실행으로 옮기기에는 용기가 없고, 현재의 안락한 상황에서 벗어나기도 싫어서 생각만 하고 있다면 계속해서 그 생각에만 사로잡혀 헛된 시간을 보내게 될 것이다. 직접 경험해 보지도 않고 '이렇게만 하면 돈을 더 벌 수 있을 것 같은데'라는 생각에 발목 잡혀 늘 아쉬워하고만 있을 것이란 말이다. '언젠가는 해야지'라는 생각 때문에 자신의 삶은 늘 제자리에 머물 것이고 변화가 생기는 일은 기대하기 어렵다.

당장 실행했다면 성공할 수도 있지만 반대로 실패할 수도 있다. 중요한 것은 실행한 다음의 단계로 다른 전략을 생각하며 성공하는 길에 가까워진다는 것이다. 실행한 다음에는 이전에 했던 생각보다 한 단계 더 발전된 생각을 할 것이다. 다이어트를 하겠다고 결심한 사람이 운동하러 가는 것을 계속해서 다음날로 미룬다고 생각해 보자. 그 사람은 평생 동안 다이어트를 해야 한다는 숙제를 안고 살아갈 것이다. 그렇지만 지금부터 매일 운동장을 한 바퀴 뛰러 나간다면 갑자기 달라진 모습을 기대하긴 어렵겠지만 서서히 변화되고 있는 자신을 보게 될 것이다. 운동장에서 뛰는 것만으로는 다이어트에 효과가 없다는 것을 체험으로 알게 되더라도 그다음 단계로 다른 방법을 시도할 것이다. 그렇게 하면서 자신에게 맞는 다이어트 방법을 찾아가는 것이다. 이것이 실행력으로 얻을 수 있는 효과다.

머릿속에서 번뜩이는 아이디어가 있음에도 불구하고 의구심에 사로 잡혀서 막상 실행하기를 주저하는 사람이 많다. 시도해 보지 않으면 성공과 실패 중 어떤 일이 발생할지 그 누구도 알 수 없다. 자신의 직감을 믿고 즉시 실행한다면 실패하더라도 값진 경험으로 더 잘되는 가게를 만들 수 있는 길에 빨리 다다를 수 있지 않을까? 대박 나는 가게가 되기를 바란다면 현재 상황에 머물지 말고 자신이 할 수 있는 일이 무엇인지를 깊이 고민해 보자. 그 방법이 생각났다면 자신의 직감을 믿고 0.5초 만에 실행해서 대박 나는 가게를 만들어 보자.

07

대박 나는 가게는
고객을 먼저 생각한다

고객을 먼저 생각하는 가게는 어떤 가게일까? 내가 유일하게 스트레스를 해소하는 방법은 사우나에 가는 것이다. 어느 날 사우나를 끝내고 집으로 돌아가는 길에 노점에서 어묵과 떡볶이를 파는 것을 봤다. 출출한 마음에 떡볶이를 사먹으려고 행상 앞으로 갔다. 그런데 1인분을 시켜서 먹자니 다 먹지 못할 것 같아서 한 컵으로는 판매를 하지 않는지 물어 보았지만 그렇게는 판매하지 않는다고 했다. 그 노점에는 남녀노소 할 것 없이 많은 고객이 찾는 것을 봤다. 그러면 당연히 고객들이 요구하는 사항도 많을 것이다. 그래서 다소 가격의 차이는 나더라도 음식을 다양한 사이즈로 판매를 하면 더욱 좋겠다는 생각이 들었다. 안 되면 되게 하면 그만이다. 어떤 법칙이 정해져 있거나 법으로 정해져 있지 않는 이상 매출에 손해를 끼치지 않는 선에서 음식을 팔면 되지 않을까 하는 아쉬움이 남았다.

고객이 무엇을 요구하거나 상품에 대해 물어본다면 설사 안 되는 일이 있더라도 무턱대고 안 된다는 말부터 내뱉지 않도록 하자. 고객을 설득시키는 말을 먼저 하고 안 된다는 식으로 고객의 입장에서 이야기를 한다면 고객도 순순히 인정할 것이다. 그런데 매몰차게 안 된다는 말부터 한다면 서비스가 좋지 않다는 평가를 받을 수 있다. 어린아이도 자신이 놀이터에서 더 놀고 싶다고 말하지만 부모가 설득력 있게 안 되는 이유를 알려주면 순순히 따른다. 그렇지만 앞뒤 설명 없이 "안 돼"라는 말만 하고 아이를 집까지 데리고 간다면 가는 도중에 울고불고 떼를 쓰며 길바닥에 주저앉을지도 모른다.

사람은 누구나 자신이 원하는 것을 반대하거나 자신의 요구사항을 거절 당하면 반항심이 생기는 심리를 가지고 있다. 그렇지만 앞서 설명한 것처럼 고객의 요구에 거절할 때 설득력 있게 이야기하고 이해시킨다면 감정 상하는 일 없이 계속해서 좋은 관계를 유지할 수가 있다.

서울에 가기 위해 터미널 앞을 지나는데 떡볶이와 순대를 파는 작은 점포를 발견했다. 매대 앞에 서서 메뉴판을 올려다봤더니 떡볶이가 두 가지의 사이즈로 판매되고 있었다. 1인분 떡볶이와 한

컵 떡볶이였다. 1인분의 양을 혼자 다 먹지 못하는 나는 잘되었다는 생각에 한 컵 떡볶이를 주문해서 먹었다. 그리고 옆을 보니 꼬치어묵도 판매하고 있었는데 어묵 양념장을 단순히 간장만으로 만들어 놓은 것이 아니었다. 양념장 안에 매운 고추와 양파를 함께 썰어 넣어 어묵과 곁들여 먹으면 감칠맛이 더 날 수 있도록 만들어 놓았다. 먹음직스럽게 보여 꼬치어묵을 먹으려고 한 개를 집어 들었는데 그때 사장님이 말했다.

"손님, 간장에 이 양파와 땡고추를 같이 곁들여 드세요. 훨씬 맛있어요."

"네, 그렇게 먹는 거군요."

"어묵도 맛있게 먹는 방법이 따로 있어요. 이렇게 드시면 훨씬 맛있어요."

"네, 감사합니다."

나는 단순히 천 원짜리 어묵을 하나 사먹는 것이었지만 분식집 사장님은 '고객이 자신이 만든 음식을 더 맛있게 먹는 것에서 기쁨을 느끼는구나'라는 생각이 들었다. 그 가게는 내가 음식을 먹는 동안 연신 고객이 끊이지 않았고, 점포 주위에는 고객이 온통 둘러서서 음식을 먹고 있었다. 사장님의 친절한 서비스에 음식 맛이 더해지니 장사가 잘될 수밖에 없겠다는 생각이 들었다.

안되는 가게는 고객의 요구를 못 들어주는 이유가 너무 많다. 자신이 조금 손해를 보더라도 혹은 손해를 보지 않는 선에서 값을 조금 더 받는 일이 있더라도 고객의 요구를 들어주도록 노력해보자. 고객이 요구하는 것에서 새로운 기회를 발견하는 경우도 많기 때문이다. 가령 터미널 분식집처럼 고객의 니즈를 파악하여 한 컵 떡볶이를 메뉴에 넣는 방식으로 가게를 운영한다면 더 많은 고객을 유치할 수 있다. 더군다나 매출을 올리는 것에도 많은 영향을 미칠 것이다.

음식을 먹다가 다진 마늘이나 고추 등 어떤 특정한 음식을 찾는 고객이 많다면 처음부터 그런 음식을 제공하는 것이다. 그러면 고객은 음식을 먹는 도중에 부탁하게 되는 번거로움이 없을 것이고 무엇보다 센스 있는 사장님의 서비스에 특정한 음식이나 반찬을 제공하는 그 음식을 먹기 위해서라도 당신의 가게에 방문을 하게 될 것이다. 이렇게 일석이조의 효과를 얻는 것이다.

몇 해 전 아주 더운 여름이었는데 에너지를 절약하자는 취지에서 농협 내에 에어컨을 장시간 가동하지 않은 적이 있었다. 날씨가 너무 더워서 나는 개인용 미니 선풍기를 구입하여 책상 위에 올려두고 일했다. 내방하는 고객들도 무더운 거리를 걸어 농협에 들어왔는데 에어컨까지 가동이 되지 않으니 더 더울 수밖에 없었다. 중년 여성 고객이 내 앞에서 거래를 하게 되었는데 얼굴에 땀이 줄줄 흐르는 것을 보았다. 덥겠다는 생각에 내 쪽으로 향해 있는 미니 선풍기를 그녀 쪽으로 가져다 놓고는 시원하게 일 보시라고 말씀드렸다. 그 여성은 나에게 센스 있다는 칭찬을 했고 화기애애한 분위기

속에서 일을 처리할 수 있었다. 그 일이 계기가 되어 그녀는 내방할 때마다 나에게 안부 인사를 묻고 서로의 이야기를 주고받는 사이가 되었다.

고객의 입장에서 생각하는 일은 간단하다. 내가 더우면 고객도 더울 것이고 내가 추우면 고객도 춥겠다는 생각을 하면 된다. 내가 맛있는 음식이 먹고 싶다면 고객에게도 맛있는 음식을 만들어서 판매하면 된다. 그러나 물건을 판매할 때에는 고객의 취향을 먼저 알고 권유해야 매출을 올릴 수 있다. 사람은 저마다의 개성이 있고 취향이 다르므로 물건을 판매할 때에는 그들의 취향에 맞는 물건을 권하는 것이 좋다.

내가 대학 여름 방학 때 젊은 층의 옷을 파는 중저가 브랜드 의류 매장에서 아르바이트를 한 적이 있다. 하루는 20대 중반의 여성이 청바지를 사러 왔다. 그녀는 키가 작고 통통한 체형이었는데 자기 체형에는 맞지 않는 옷만 골라서 입어보는 것이었다. 당연히 그 옷은 그녀에게 어울리지 않았고, 나는 어울릴 듯한 바지를 골라 주었다. 그런데 그녀는 자신이 원하는 스타일의 옷이 아니라며 그냥 나가버리는 것이었다. 그 상황을 옆에서 지켜보던 옷 가게 사장님이 나에게 말했다.

"고객이 원하는 스타일의 옷과 체형을 보완해 줄 바지는 얼마든지 있는데 왜 허로민 씨의 관점에서만 생각해서 옷을 권했지? 그러니까 고객이 그냥 나가버리잖아."

옷을 팔지 못하고 고객을 놓쳤다는 이유로 야단맞은 나는 자존심이 무척 상했다. 그래서 퇴근 후 집으로 곧장 가서 옷장에 있는 옷을 모두 꺼내어 상황극을 하며 판매하는 연습을 했다. 날씬한 체형의 고객이 왔을 때 옷을 권유하는 방법, 통통한 체형의 고객이 왔을 때 옷을 권유하는 방법 등 친구를 불러 앉혀 놓고는 옷을 설명하는 연습을 했다. 그리고 고객의 취향과 몸매에 어울릴 듯한 옷을 권유하는 방법을 많이 생각하고 고민했다. 다시는 나의 잘못된 판매 방법으로 고객을 놓치는 실수를 하고 싶지 않아서였다.

그런 일이 있고 나서 며칠 후의 일이다. 한 중년 여성이 10대 후반의 아들딸을 데리고 옷을 구입하기 위해 매장에 방문했다. 나는 실수를 만회하기 위해 자녀들의 옷 취향과 니즈를 파악했다. 부모와 자녀가 같이 내방한 경우 자녀의 취향뿐만 아니라 부모의 마음에도 들어야 판매로까지 이어진다. 여러 종류의 옷으로 코디를 해주었고 다행히 여성의 자녀들은 어떤 옷을 입어도 잘 어울리는 키가 크고 늘씬한 체형이었다. 그래서 옷을 권해주기가 수월했고 부모도 내가 코디해준 옷들이 다 마음에 들었던 모양이다. 그래서 나는 하루 종일 판매해야 올릴 수 있는 매출을 그 고객을 상대한 지 40분 만에 올릴 수 있었다.

상대방의 체형과 나이를 파악하면 어떤 스타일의 옷을 좋아하는지 알 수 있다. 부모는 당연히 나이에 맞는 베이직한 스타일의 옷을 원할 것이니 그 합의점을 찾아서 서로 만족할 만한 옷을 권유하면 되는 것이다. 내 입장이 아닌 상대방의 입장에서 생각하면 매출로 자연스럽게 이어진다는 것을 깨닫게 되는 계기가 되었다.

작년 봄 미세먼지가 한창 심할 때 공기청정기를 구입하기 위해서 인터넷에서 정보를 알아본 적이 있다. 여러 가지 정보를 검색한 후에 직접 보고 구입하기 위해서 가전제품 전문 매장에 갔다. 내가 원하는 브랜드와 기능을 말하고 판매원에게 괜찮은 상품으로 추천을 해달라고 했다.

"이 브랜드에서 나오는 상품이고, 제가 원하는 이런 기능이 있으면 좋겠어요. 추천해 주실 만한 제품이 있으신가요?"

"그것보다 매장에서 하나밖에 남지 않은 이 상품이 할인을 가장 많이 해 드리고 있어요. 기능은 다 비슷하니 이것으로 구입하세요."

"할인보다도 기능을 보고 구입하고 싶어요."

"하나밖에 남지 않은 거라서 지금 아니면 사고 싶어도 못 사실 거예요."

판매원은 내가 원하는 브랜드와 기능은 무시한 채 자신이 팔고자 하는 상품만을 적극적으로 권했다. 고객을 먼저 생각하는 마음이 있는 판매원이라면 이런 방법으로 고객을 대하지 않는다. 고객이 원하는 상품을 찾아준 다음에 넌지시 자신이 팔고자 하는 상품도 권했을 것이다. 내가 원하는 상품을 소개시켜 달라고 했지만 판매원은 자신이 팔고자 하는 상품에 대해서만 말하는 것을 보고 각자 서로가 하고 싶은 말만 하고 있다는 것이 느껴졌다. 그리고 판매원은 마치 마지막 남은 그 상품을 어떻게 해서든 나에게 판매하기 위해서 안간힘을 쓰는 것처럼 보였다. 그래서 물건을 사기 위해 마음먹고 갔지만 구입하지 않고 서둘러서 나왔던 일이 있었다.

잘되는 가게는 사장의 입장만을 생각하며 일을 하지 않는다. 고객의 요구사항이나 불편사항을 먼저 해결하려 애쓴다. 고객이 무엇을 원하는지, 그들에게 어떤 방법으로 다가가면 좋은지를 고민하여 대박 나는 작은 가게를 만들어 보자.

Chapter 2

작은 가게,
돈 버는 방법은
따로 있다

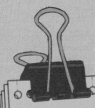

장사 고수의 비법 노트

1. 고객에게 편안함과 신뢰감을 준다.

2. 시작하기 전, 경험부터 쌓아라.

3. 기본을 지켜라.

4. 정성은 배신하지 않는다.

5. 웃는 얼굴이 고객을 모은다.

01

돈 버는 작은 가게들의
공통점

고객들로 문전성시를 이루는 가게에 가 본 적이 있을 것이다. 그런 가게에서 어떤 생각이 들었는가? 미용실이라면 머리 손질을 잘하는 곳이 고객이 많을 것이고, 식당이라면 음식 맛이 좋은 곳이 고객이 많을 것이다. 장사가 잘되는 곳은 기본을 지키는 곳이다. 음식 맛이 좋다는 것이 전제가 되었을 때 친절함이 더해지면 금상첨화로 잘되는 가게가 될 것이고, 식품 가게라면 신선한 식품을 구비해 놓는 것이 우선이 되었을 때 장사가 잘될 가능성이 높다.

기본을 무시한 채 가게의 외관만 번듯하게 꾸미는 것에 더 많은 신경을 쓰는 사람들이 많다. 수학문제를 풀 때 기본 공식을 알아야 문제를 풀 수 있고 영어도 알파벳을 알아야 단어를 읽을 수 있듯이 무엇을 하든지 기본이라는 뼈대가 갖춰져야 그 위에 튼튼한 집을 지을 수 있는 것이다. 그런 기본을 지키면서 돈 버는 가게에는 3가지의 공통점이 있다.

첫째, 고객에게 정성을 다한다.

개업한 지 3년이 넘은 중화요리 음식점이 있다. 작은 동네에 중화요리 음식점은 이미 몇 군데 있던 터라 처음엔 그 음식점이 '과연 잘될까?' 하는 의문이 들었다. 부부가 운영하는 가게인데 한결같이 친절하고 늘 인상 좋은 얼굴을 하고 있었다.

어느 겨울날 식사하러 그곳을 들렀는데 자리에 앉자 차가운 물 대신 따뜻한 녹차를 내어주는 것이었다. 정수기 물 대신 사장님의 정성으로 끓인 녹차를 대접받으니 그 정성 하나만으로도 이 가게는 계속 잘될 거라는 생각이 들었다. 중화요리는 다른 음식에 비해 기름기가 많은 음식이다. 그런 음식을 먹은 후에는 따뜻한 녹차 한잔을 마시는 것이 건강에 좋다는 걸 알고 고객의 건강을 생각해서 대접한 것이다.

반찬으로 나오는 음식 또한 다른 가게와는 차별성이 있었다. 일반 중화요리 음식점은 단무지와 김치를 반찬으로 주는 것에 비해 이곳은 아내가 직접 담근 장아찌와 김치를 반찬으로 제공한다. 아내의 정성이 가득 담긴 반찬들이다. 작은 것 하나에도 정성을 다하는 가게는 고객도 그 정성을 느끼기 때문에 단골고객이 되는 경우가 많다. 그래서 가게를 운영한다면 어느 것 하나 대충 해서는 안 되는 것이다.

둘째, 고객에게 신뢰감을 준다.

고객의 지갑은 신뢰감이 느껴질 때 쉽게 열린다. 그 신뢰감은 판매자가 고객의 구매 욕구를 자극시키는 화술이 좋다고 해서 드는 감정이 아니다. 보이는 행동이 중요한 요소로 작용한다. 고객에게 늘 한결같이 친절하고 한결같이 정성을 다하는 모습일 때 비로소 신뢰하게 되고 단골고객이 되는 것이다.

신뢰감을 쌓기 위해서는 무엇보다 자기관리가 철저히 되어야 한다. 가게 문을 열 시간이 한참 지났는데도 개인적인 사정으로 자주 문을 늦게 열거나 그렇지 않으면 아예 문을 닫는 횟수가 잦아진다면 신뢰가 생기지 않는다. 일정하지 않은 패턴으로 자주 가게 문을 닫는다는 좋지 않은 인식이 들게 되면 고객의 발길은 자연스럽게 끊기게 될 것이다.

여성복을 판매하는 옷 가게에서 내가 원하던 스타일의 원피스를 구입한 적이 있다. 그 이후 옷을 구입할 일이 있어서 다시 그곳을 찾았지만 문은 닫혀 있었다. 가게 문이 열려 있어야 할 시간대였는데 문이 닫혀 있어서 '쉬는 날에 잘못 온 거 아냐?' 하는 생각이 들었다. 그래서 며칠 후 다른 시간대에 다시 찾았지만 또 가게 문은 닫혀 있었다. 디스플레이 된 옷이 다른 옷으로 교체되어 있는 것으로 봐서는 며칠 동안 쉬었던 것 같지는 않았다. 내가 원하는 스타일의 옷은 많았지만 갈 때마다 문이 닫혀 있었기 때문에 그 이후로는 그곳을 방문하지 않게 되었다. 어차피 또 문이 닫혀 있을 거라는 생각 때문이었다. 혼자 운영하는 작은 가게라고 할지라도 주먹구구식으로 운영할 것이 아니라 나름대로의 규칙을 지키면서 운영한다면 더 전문성 있고 신뢰감이 드는 가게로 인식될 것이다.

대기업 CEO가 멋진 슈트를 입고 출근하고 세일즈맨이 깔끔한 정장 차림으로 세일즈를 하듯이 고객들에게 보여지는 이미지 역시 신뢰감 형성에 한몫한다. 가게를 운영하는 사장뿐만 아니라 물건을 구매하러 오는 가게를 보고서도 판단을 한다. 예를 들어, 물건을 진열해 놓는 진열대만 보더라도 그 가게의 미래를 알 수 있다. 잘되는 가게는 먼지 쌓일 틈도 없이 주인이 쓸고 닦으며 가게에 대한 애정을 쏟는다. 반면에 먼지는 점점 쌓여만 가고 정리가 잘 안 되는 가게가 있다. 그런 곳은 보여지는 이미지에서 신뢰감 형성과는 거리가 멀기 때문에 대박 나는 가게가 되는 길은 멀다. 신뢰감을 쌓기 위해서 고객에게 보여지는 이미지와 자기관리가 철저히 될 때 돈 버는 가게의 대열에 들어설 수 있을 것이다.

셋째, 성공할 때까지 시도한다.

돈 버는 가게를 보면 괜찮은 아이템 하나로 쉽게 돈을 벌고 있다는 생각이 들 것이다. 그러나 그런 가게의 사장님은 수없이 많은 피

땀을 흘린 후에야 자리를 잡고 대박 나는 가게로 거듭날 수 있었다.

족발집을 운영하는 A사장이 있다. 몇 해 전 족발집을 처음 시작할 당시 한 테이블의 손님만이라도 받았으면 좋겠다는 심정으로 가게를 운영하며 찾아온 고객에게는 말 그대로 왕처럼 모시는 서비스를 했다. 가게를 시작한 몇 달 동안은 제일 중요한 족발 맛을 제대로 내지 못해서 몇 천 족을 그냥 버릴 정도로 족발 맛을 개발하는 것에 힘썼다. 수많은 시행착오 끝에 족발 맛과 서비스가 훌륭하다는 입소문이 나기 시작하면서 대박 나는 가게가 될 수 있었다고 한다. 지금은 억대 매출을 올리고 있지만 그래도 여전히 신메뉴 개발에 힘쓸 만큼 열정이 넘친다고 한다.

국밥집으로 억대 매출을 올리고 있는 B사장의 가게도 처음부터 유명해지지는 않았다. 가게를 개업하고도 몇 달째 매출이 오르지 않자 더 진한 국물 맛을 내기 위해 수많은 시행착오를 겪으며 연구하는 것에 힘썼다. 가게 홍보할 방법을 고민하다가 국물을 끓이는 가마솥을 고객이 볼 수 있도록 오픈하는 것을 바로 실행으로 옮겼다. 그 결과 지금의 매출을 올릴 수 있었던 것이다.

다른 가게와 차별성이 없는 평범한 맛의 음식을 판매했다면 억대 매출을 올리고 있는 지금의 가게는 없었을 것이다. 족발 가게의 A사장처럼 잘되는 가게를 유지하기 위해서는 그 분야에서 끊임없이 연구하는 자세를 가져야 하고 국밥집의 B사장처럼 장사가 안된다고 앉아서 걱정만 하고 있을 것이 아니라 연구하고 고민해야 성공하는 길에 이를 수가 있다.

돈 버는 가게는 행운이 따라줘서 대박 나는 가게가 된 것이 아니다. 성공하기 위해서 수많은 시행착오를 겪어나가며 그들만의 판매 방식을 고민하고 연구한 끝에 지금의 자리에 오를 수 있었다. 실패했다고 해서 주저앉지 않았다. 줄 서는 가게의 성공한 모습만 보지말고 성공 뒤에 숨어 있는 사장님들의 이야기에 귀를 기울여 보자. 그들처럼 실패해도 다시 일어서서 도전한다는 자세로 가게를 운영한다면 당신도 돈 버는 작은 가게를 만들 수 있을 것이다.

02

작은 가게를 시작하기 전,
경험부터 쌓아라

돈만 있으면 누구나 가게를 낼 수 있고, 당장 장사를 시작할 수도 있다. 그리고 가게를 열어서 대박 나는 가게를 만들고 싶다는 생각을 할 것이다. 그러나 세상일은 마음먹은 대로 호락호락하게 이루어지지 않는다. 무엇보다 처음부터 성공 궤도에 오르기는 더욱 어려운 일이다. 어떤 일을 하든지 그에 맞는 절차가 필요하다. 갓 태어난 아이가 당장 일어서서 걷게 되는 일은 없고, 이제 막 알파벳을 배우기 시작한 사람이 갑자기 원어민처럼 영어회화를 하지 못할 것이란 말이다.

패기가 넘치는 젊은이들 같은 경우는 무엇이든지 할 수 있다는 자신감에 차 있는 경우가 많다. 그들은 의욕적으로 열심히만 한다면 성공할 수 있을 것이라고 생각한다. 그러나 기본이 갖춰졌을 때 시작해야 성공할 가능성이 높은 것이다. 주위를 둘러보면 어깨너머 배운 일로 가게를 시작하거나 혹은 한 번도 경험해 보지 않은 일인데도 불구하고 돈을 벌겠다는 이유로 당장 시작하는 경우가 있다. 남의 밑에서 일하기 싫어서 혹은 월급쟁이가 싫다는 이유로 장사하는 것을 쉽게 생각한다. 기초가 탄탄하게 세워져 있지 않으니 옆에서 보기에는 항상 위태위태하다.

시간이 얼마나 걸리든지 당신이 하고자 하는 아이템에 맞는 경험부터 쌓은 다음 가게를 운영해야 실패하는 확률을 줄일 수 있다. 음식이라고는 만들어 본 적도 없는 사람이 주방장을 고용해서 음식점을 차린다고 가정했을 때 자신이 직접 만들 수 있는 음식이 없으니 주방이 어떻게 돌아가는지 파악이 잘 안 될 것이다. 그런 경우 나중에는 주객이 전도되어서 고용된 직원인 주방장의 권한이 더 커지게 되어 있다. 큰 위험 부담을 안고 장사한다고 봐야 한다.

가정주부로만 지내던 M씨는 장사를 해본 경험이 단 한 번도 없었지만 운영만 잘 한다면 어느 정도 매출은 올릴 수 있을 것이라는 생각에 음식점을 개업했다. 그녀는 계산대와 서빙을 담당하고 주방은 요리사를 고용하여 가게를 열었다. 처음에는 음식점 상황에 맞게 요리사가 알아서 잘하는가 싶더니 몇 달 후에는 출근시간이 늦어지는 날이 많아지고 날이 갈수록 결근하는 횟수가 많아졌다. 주방의 시스템이 제대로 파악되지 않은 M씨는 요리사가 결근하는 날

이면 하는 수없이 가게 문을 닫아야 했다. 이래서 작은 가게를 운영하려면 충분한 경험이 필요하고 무엇이든지 다 할 수가 있어야 하는 것이다.

옷을 사는 것은 좋아하지만 판매를 해 본 적도 없는 사람이 옷 장사를 시작하는 것은 모래 위에 성을 쌓는 것과 같은 일이다. 옷을 구매하는 것과 판매하는 것은 천지 차이다. 가게 운영의 노하우를 알지 못하니 어려움이 뒤따를 것이다. 이렇듯 무모한 일을 저지르지 않도록 해야 한다.

내가 농협에 취업해서 첫 업무로 마트 업무를 배정 받았을 때의 일이다. 당시 나는 사회경험이 많지 않았고 마트 업무는 처음 해 보는 일이었다. 물건을 판매하고 소진되어 갈 때쯤 업체에 물품 주문을 하는 업무였는데 마트에 물건을 넣어주는 업체 직원들은 경력이 최소 10년 이상 된 사람들이었다. 그런 직원들이 보기에는 갓 사회에 첫발을 내딛고 일을 시작하는 내가 얼마나 애송이 같아 보였겠는가? 한마디로 만만하게 보였을 것이다. 내가 마트 담당자임에도 불구하고 업체 직원들의 요구에 따라 물건을 입점시키는 일이 허다했다. 서로 상부상조하는 관계를 유지해야 했기에 그들의 요구에 좋게 거절할 수 있는 방법을 몰랐다. 업무에 관련된 일뿐만 아니라 물건 하나 입점시키는 것도 고도의 훈련된 기술이 필요하다는 것을 그때 알았다. 만약 내가 업무 경험이 많았다면 스스로 판단해서 판매가 많이 되는 물건만 발주했을 것이고 고객이 찾지 않는 상품이라면 과감하게 거절했을 것이다.

　가게 경영뿐만 아니라 상점에 입점시키는 물건 하나 발주하는 것에도 경험이 필요한 일이다. 작은 가게일 경우 사소한 일 하나부터 열까지 모든 일을 혼자 처리해야 되기 때문에 적어도 그 업계에서 경험을 쌓은 후에 시작하는 것이 더 빨리 성공에 이를 수 있는 지름길이다. 경험하는 시간이 아깝다는 생각이 들지 모르지만 오히려 가게가 성공 궤도에 이르는 시간은 단축된다는 것을 알아야 한다.

　어느 중견기업에 다니고 있던 삼십 대 초반의 K씨가 있다. 이 여성은 직장에 잘 다니다가 5년 차가 넘어가니 권태기가 찾아왔다고 한다. 그래서 젊은 사람들의 로망인 카페 창업을 하겠다며 퇴사를 했다. 그녀는 카페 창업을 바로 시작하기에 앞서 동네에 있는 작은 카페에서 일을 배울 겸 아르바이트로 카페 일을 시작했다. 그렇지만 카페를 운영하는 것은 사람들이 생각하는 것처럼 향긋한 커피향을 맡고 우아하게 책을 읽으며 일할 수 있는 로망이 아니었다. 더군다나 생각처럼 돈을 많이 벌 수 있는 일도 아니었다.

　하루 종일 혼자서 카페 일을 하는 것이 힘들기 때문에 종업원을 고용하는 인건비와 임대료 등 각종 지출이 의외로 많이 발생한다. 순이익을 많이 남기기 위해서는 인건비를 조금이라도 줄여야 되기 때문에 아무리 사장이라도 하루 종일 서서 일해야 하는 노동이 따른다. 그런 점을 고려하지 않고 낭만적으로 보이는 카페 창업을 섣불리 생각했던 그녀는 카페 아르바이트를 하면서 자신이 생각했던 카페 일과는 거리가 멀다고 생각했다. 그래서 카페 창업을 하겠다는 생각을 접고 다시 전공 분야를 살려서 재취업했다고 한다.

사전 준비 없이 무작정 창업하기에 앞서 그 업종에서 경험부터 쌓은 그녀의 선택이 현명하다고 박수 쳐 주고 싶다. 창업을 하고 싶다는 생각을 하는 사람은 많다. 그런 이들 중에는 그 업종과 관련된 일을 해 보지도 않고 돈을 많이 벌 것 같거나 낭만적으로 보이는 일이라서 경험과 준비 없이 섣불리 덤비는 이들도 많다. 카페 창업을 하려고 했던 그녀처럼 자신이 창업하려는 업종에서 최소한 1년은 다른 가게에서 일을 해 본 다음에 판단해야 한다. 봄, 여름, 가을, 겨울 사계절은 해당 업계에서 일을 해 본 후에야 상황이 어떻게 돌아가는지 파악이 될 것이다. 자신이 생각하는 만큼 그 일을 하는 것이 쉽지 않을 수 있고, 매출을 올리려면 더 많은 노동의 대가가 필요할 수도 있다.

대기업 후계자도 처음부터 사장이나 대표이사로 일을 시작하기보다는 평사원에서부터 일을 배워 나가는 경우가 많다. 회사에서 일어나는 모든 일을 기초부터 배우기 위한 것이라고 한다. 하물며 작은 가게를 운영하려고 하는 사람이라면 더 많은 준비를 해서 시작해야 하지 않을까? 작은 가게라고 해서 가볍게 생각하고 시작하면 안 되는 것이다. 시작은 가볍게 할 수 있을지 몰라도 장사가 안 되어 폐업하게 될 때는 또 다른 손해를 감수해야 한다. 폐업한다고 해서 끝나는 것이 아니기 때문이다. 가게를 인수할 사람이 없을 때는 인테리어 한 부분을 원상복구해 놓아야 보증금을 돌려받을 수 있는 경우가 있는데 가게를 그만둬야 되는 상황에서도 돈이 들어가는 상황이 발생한다는 말이다. 그러니 서둘러서 시작하기보다는 돌다리도 두들겨 보고 건넌다는 생각으로 자신이 시작하려는 업계에서 최소한 1년 정도는 경험을 쌓은 후에 시작하는 신중함을 가져야 할 것이다.

가게를 시작하더라도 충분히 준비한 사람과 그렇지 않은 사람의 차이는 아주 크다. 총알이 탄탄하게 준비된 다음에 전쟁터에 나가면 두려움이 덜한 것처럼 충분한 준비가 안 된 상태에서 시작한다면 빨리 성과를 내고 싶은 마음에 무엇보다 조급한 마음이 들기 쉽다. 그런 경우 고객을 위한 친절한 서비스로 다가가기가 어려울 수 있다. 준비가 안 된 상태에서 무턱대고 가게를 시작했다면 하나부터 열까지 모든 것에서 시행착오를 겪게 될 것이다. 처음에는 배운다는 생각으로 즐겁게 하지만 시행착오도 계속된다면 자신감이 떨어지고 열정과 패기가 지속되지는 않을 것이다.

작은 가게라고 해서 구멍가게라는 인식으로 아무런 준비 없이 '잘만 하면 되겠지'라는 생각만으로 덤벼들지 않았으면 한다. 자신이 원하는 업종에서 충분한 경험을 쌓고 몸으로 직접 부딪혀 본 후에 시작한다면 멋지게 성공할 수 있지 않을까?

03

작은 가게를
회사라고 생각하라

'작은 고추가 맵다'는 말이 있고 '개천에서 용 난다'는 속담이 있다. 작은 것이라고 우습게 봐서는 안 된다는 뜻이다. 작은 가게를 운영하는 사람 중에서 동네장사라는 생각에 먹고살 만하면 된다는 생각을 하고 있는 사람이 있다. 돈은 많이 벌면 벌수록 좋을 것이고 많이 벌고 싶은 것이 사람의 욕심이기도 하다. 대박 나는 가게를 만들어서 돈을 많이 벌고 싶다는 생각은 하지만 작은 가게를 성공시켜 크게 넓혀나가는 행동력 없이 현재 상황에 안주하며 장사를 하고 있지는 않은가?

어느 동네에서든 작은 가게를 보면 구석에 있는 테이블 위에 사장의 편의를 위해 각종 물건들이 너저분하게 놓여있는 가게를 본

적이 있을 것이다. 그리고 화장실은 지저분하기 짝이 없는 가게가 많다. 사람들은 이런 가게를 보고 그냥 동네 가게라서 그러려니 하고 치부해 버린다. 그렇지만 생계를 책임져 주는 작은 가게를 곧 자신의 모습이라 생각하고 운영하는 것은 어떨까? 테이블이나 가게 구석진 곳을 거미줄과 먼지가 쌓이도록 방치하는 것보다 당신이 다니는 회사라고 생각하며 부지런히 쓸고 닦아서 고객이 보기에 전문성이 느껴지는 가게로 만드는 것은 어떨까?

일반적인 회사의 모습은 어떤가? 사장 혹은 직장 동료들의 눈치가 보여서라도 자신의 자리는 깨끗이 정리정돈한다. 그리고 단정한 복장으로 정시에 출근을 하는 곳이며 동료들 간의 예의를 지키며 말투에도 신경을 많이 쓴다.

작은 가게를 부부가 운영하거나 혹은 혼자서 운영하더라도 당신이 예의를 갖추며 다녀야 하는 회사라고 생각하자. 회사에 출근한다는 생각으로 가게 일을 하면 단정한 의상에 신경을 쓰게 된다. 그리고 가게 내부를 정리정돈해서 신뢰감을 주고 전문성이 느껴지는 이미지의 가게로 만들어 보자. 그렇게 한다면 고객들도 가게가 작다고 해서 평가도 하찮게 하지는 않을 것이다.

동네에 있는 약국은 작은 평수가 대부분인데 약사는 청결한 이미지가 느껴지는 흰 가운을 입고 앉아 있는 모습을 볼 수 있다. 가운을 입은 단정한 복장을 보면 예의를 갖추고 싶은 마음이 든다. 작은 가게를 운영하지만 의상 하나에 고객들이 가게에 느끼는 이미지도 달라진다는 말이다. 이처럼 고객에게 예의를 갖춘다는 생각으로 회사에 출근하는 것처럼 복장에 신경을 쓴다면 고객들이 더 많이 찾는 가게가 될 것이다.

내가 어렸을 때 IMF가 발생하기 전인 13년 동안 부모님은 전자대리점을 운영하셨다. 오전 9시부터 오후 9시까지 부모님이 함께 가게를 운영하셨다. 장사하는 사람은 가게 문을 하루 닫으면 하루 동안 벌 수 있는 만큼의 매출을 손해 본다고 생각한다. 또 일부러 찾아오는 고객에게 미안한 마음이 들기 때문에 되도록 가게 문을 닫지 않으려고 한다. 그래서 우리 부모님도 가족과 같이 여행 갈 때를 제외하고는 주말에도 가게 문을 여셨고 명절 하루 전날까지도 가게 문을 열어 놓고 장사를 하셨다.

초등학교 때는 학교를 마치고 집에 오면 혼자 있는 것이 싫어서 가게에서 부모님과 함께 있는 날이 많았다. 그래서 부모님 두 분이 가전제품 배달을 가시게 되면 문을 닫고 가는 대신 내가 가게를 본 적이 많다. 고객에게 전화가 오거나 가게를 직접 방문해서 물건을 갖다달라는 주문을 하면 아버지는 주문을 받는 즉시 집으로 배달을 해드렸다. 어영부영 시간을 넘기는 일이 없이 고객의 요구를 즉각 들어 주셨다. 그것 또한 고객에게 제공하는 서비스라고 생각하셨던 것이다. 작은 가게였지만 회사에서 일하시는 것처럼 철칙을 지키시며 주먹구구식으로 일하지 않으셨다.

부모님이 주말에 사회단체의 일에 참석하실 때면 용돈을 받는 대신 나와 동생이 가게를 봤다. 웬만해선 가게 문을 닫지 않으려고 하셨다. 두 분이서 운영하는 가게였지만 찾아오는 손님을 실망시켜드리지 않기 위해서 나름대로 두 분만의 규칙을 만드신 것이다. 동네의 작은 가게라서 규칙 없이 사장 마음대로 한다는 소리는 듣지 않도록 해야 한다.

백화점에 가보면 2~3평 남짓한 곳의 상점에서 직원들은 유니폼을 입고 고객들에게 예의를 갖춰서 대한다. 백화점 내부의 상점이지만 그들은 서비스 교육을 받고 고객들에게 최상의 서비스를 제공하기 위해 노력한다. 백화점에서는 푸드 코트를 제외하고는 물건을 파는 상점 내부에서는 식사를 하지 못하도록 되어 있다. 음식 냄새를 풍기는 것과 고객들에게 좋지 않은 인상을 남기기 때문에 규칙을 만든 것이다. 회사처럼 그들만의 규칙을 만들고 점원들은 그 규칙을 따르고 있으니 고객 입장에서는 전문가적인 느낌을 받을 수가 있는 것이다.

편의점이나 커피숍 같이 아르바이트생을 고용해야 하는 작은 가게도 많다. 내가 세운 작은 회사에서 매출을 담당하는 영업사원이라 생각하고 그들을 대우하자. 어떤 가게에서 사장이 아르바이트생을 대하는 모습을 보면 마치 하인을 대하듯이 하는 사람이 많다. 가게와 관련된 일뿐만 아니라 자신이 시급을 주고 고용한 직원이라는 생각 때문인지 사장의 개인적인 일까지도 시키는 경우가 허다하다. 회사처럼 공과 사는 구분하여 당신이 세운 회사에서 일하는 정식 직원처럼 대우하자. 무엇보다 직원들은 매출 올리는 것을 도와주는 고마운 사람 아닌가. 아르바이트생을 어떻게 대우하느냐에 따라서 매출에도 영향이 크다.

어느 날 친구와 커피숍에 앉아 있는데 뒷자리에서 20대 초반쯤 되어 보이는 여성 2명이 이야기하는 소리가 들려왔다.

"사장님이 나를 무시하듯 말해서 일하기가 싫어."

"왜? 무슨 일 있었어?"

"시킨 일을 똑바로 못한다고 무시하듯이 말하잖아. 너무 기분 나빴어. 그만두고 싶어."

"너는 한 번 시작한 일은 웬만해선 꾸준히 하는 편인데 그것 때문에 그만두고 싶어?"

"너도 겪어봐. 무시당하는 일이 기분이 얼마나 안 좋은 일인지. 내 일처럼 잘하고 싶다가도 사장님 말투 들으면 기분이 나빠서 일하기가 싫어져."

사장이 가게에서 일하는 직원을 예의 있게 대우한다면 그들 또한 보답의 의미로 자신의 일처럼 성실히 일에 임하는 마인드를 가질 것이다. 그렇기 때문에 아르바이트생일지라도 일반 회사처럼 소중한 직원을 대하듯 인간적으로 대우하는 작은 가게가 되어야 하는 것이다. 그리고 당신의 작은 가게를 회사라 생각하고 가게를 청결하게 유지하고 일하는 복장에도 신경 쓴다면 고객들도 작지만 알찬 가게라는 인식으로 자주 찾는 가게가 될 것이다.

04
하루에도 수십 번
웃는 연습부터 하라

'웃는 얼굴에 침 못 뱉는다'는 속담이 있다. 남이 웃고 있는 모습을 보면 나도 괜스레 즐거워지고 그 사람과 친해지고 싶은 마음이 생긴다. 무엇보다 그 사람을 대할 때 마음이 편해지는 것을 느낀 적이 있을 것이다. 직장에서 창구 여직원 5명이 나란히 앉아서 일할 때였다. 은행 업무도 세일즈라 일주일에 한 번씩 고객서비스에 대한 교육을 받는다. 전화 받는 말투, 고객을 대하는 말투 그리고 표정 짓는 연습까지 한다. 항상 웃는 얼굴과 밝은 표정으로 고객을 대해야 한다는 교육을 받는 것이다.

내가 일하는 농협에서는 대기 고객이 없을 때 번호표를 뽑지 않고 고객이 다가가고 싶은 직원에게 바로 가서 업무를 보는 것이 대부분이다. 그때 고객은 얼굴에 미소를 짓고 있는 직원 앞으로 자연스레 발길이 가게 된다고 한다. 표정에서 한결 여유가 있는 직원에게 일처리를 보는 것이기 때문에 소통이 쉬워서인지 단골고객을 만드는 것이 유리하다. 그래서 표정이 밝은 직원에게 단골고객이 더 많다.

업무 처리의 문제로 고객에게 항의가 들어올 때에도 무표정한 얼굴로 고객을 대하는 것과 밝은 표정으로 대하는 것의 결과는 천지차이이다. 항의하는 고객의 말투나 행동에 직원도 화가 나지만 침착하며 일관성 있게 밝은 표정으로 고객을 대하는 직원은 금방 문제를 해결한다. 그러나 직원 역시 덩달아 화난 얼굴을 한다면 고객의 언성을 더 높이는 결과를 초래하게 된다. 그때는 결국 책임자가 나서서 상황을 마무리하는 단계까지 가게 되는 것이다. 고객을 대할 때 웃는 얼굴과 부드러운 음성으로 대한다면 처음부터 항의가 들어오는 일은 거의 발생하지 않을 것이다.

우리가 가게에 들어섰을 때 웃는 얼굴을 하고 있는 직원이나 사상님에게 물건에 대한 정보를 더 물어보고 싶다는 생각을 한 경험이 있을 것이다. 반면 무표정한 얼굴을 하거나 뚱한 표정을 짓고 있는 직원을 보면 물건을 구입하고 싶기는커녕 '가게 서비스가 왜 이래?'라는 생각과 함께 서둘러서 가게를 나가고 싶다. 이런 점들을 봤을 때 가게를 운영하고 있다면 고객들을 어떻게 대해야 하는지 알 수 있을 것이다. 고객에게 웃는 얼굴로 인사를 건네면 그 고객에게 절반은 세일즈에 성공한 것이나 다름없다. 자신을 향해 웃어주는 얼굴을 하는 사람 앞에서 마음을 닫고 있는 사람은 없기 때문이다.

은행 업무 중 카드 발급과 보험 가입 실적이 있는데 실제로 표정이 좋은 직원이 단연 실적도 좋다. 나는 입꼬리가 돼지 입술처럼 올라간 편이다. 그래서 나는 억지로 미소 짓지 않아도 남들이 보기에는 미소를 짓고 있는 얼굴로 보인다. 창구에 앉아서 고객을 대할 때 내가 미소 짓는 얼굴을 하고 있는 것처럼 보여 고객도 같이 미소를 짓는 경험을 여러 번 했다. 그래서 업무를 볼 때 좀 더 밝은 분위기에서 업무를 볼 수 있다는 장점이 있다.

고객에게 상품을 권유하는 세일즈를 하는 일이 나는 즐겁고 재밌다. 그래서 신이 나서 들뜬 마음으로 고객에게 상품을 설명한다. 그런 마음을 가지게 되니 고객이 보기에는 내가 표정도 밝고 활기차 보인다고 한다. 그러면 자연스레 영업 실적은 따라 오게 마련이다. 그렇다면 나는 처음부터 고객에게 밝은 표정으로 보이는 직원이었을까?

처음 농협에 입사하기 전에는 카드 발급과 보험 영업 실적을 올려야 한다는 사실을 알지 못했다. 단순히 좋은 직장에 취업했다는 생각에 기뻐했던 것이 전부다. 그런데 은행 업무의 현실은 단순히 고객이 요구하는 일을 처리하는 것뿐만 아니라 수익을 낼 수 있는 카드 발급과 보험 영업의 실적이 중요했다. 그렇지만 갓 입사한 신입 직원인 내가 권유 기법이나 세일즈 기법을 알 리 만무했다. 몇 달 동안 나의 업무 실적은 130명이 넘는 직원 중 거의 꼴찌에 가까운 최하위였다.

어느 날 지점장님이 나를 부르시더니 "고객에게 권유를 하면 잘할 것 같은데 실적이 왜 이렇게 안 좋지?"라고 물으셨다. 그 말을 듣고 나도 잘하고 싶은 오기가 생겼다. 그때부터 상품 강의 동영상을 모두 다운받아서 퇴근 후에 집에서 공부했다. 그리고 세일즈 기법 책을 서점에서 몇 권 구입해서 익혔다. 그것만으로는 부족하다는 생각이 들었기에 세일즈맨이 주최하는 교육에 개인 비용을 내고 왕복 3시간이 소요되는 거리를 마다하지 않고 찾아가서 배웠다. 상품에 대해 공부하고 세일즈 기법을 익히니 자신감이 생겼다. 자신감이 생기니 자연스레 고객 앞에서는 편안하고 여유가 있는 표정을 지으며 그들을 대할 수 있게 되었다.

고객은 내가 설명하는 상품의 내용을 모두 다 기억하지 못할 것이다. 그렇지만 직원이 이 상품에 대해 얼마나 많이 알고 있는지 그리고 얼마나 자신 있게 권유하는지 표정을 보고 느낌으로 알 수 있다. 고객에게 좋은 인상을 주기 위해서 웃는 얼굴을 해야 한다는 생각으로 무턱대고 웃는 것도 한계가 있다. 자신이 판매하는 상품에 대해 많이 알고 자신감이 생겼을 때 자연스럽게 고객을 위해 미소 짓는 표정이 나온다.

은행에서 근무하면 월급이 제때 지급되어 카드 대금을 연체할 확률이 적어서인지 타 회사에서 카드 발급을 권유하는 사원이 많이 찾아온다. 권유하는 사원 중에서도 두 가지의 형태가 있다. 예를 들어, 40대로 보이는 중년 여성이 온 적이 있었다. 문을 열고 들어올 때부터 환한 미소로 자신 있게 직원에게 다가간다. 자신이 권유하는 상품에 대한 자부심이 대단하고 카드를 만든 후 받을 수 있는 혜택을 자신 있게 말한다. 반면에 60대 초반의 한 남성 사원은 퇴직하고 생계를 유지하기 위해서 카드를 권유하러 다니시는 분이었다. 그분은 카드 권유가 잘 되지 않는지 문을 열고 들어올 때부터 표정이 울상이었다. '이번에도 안 되면 어떡하지?'라는 표정이 눈에 역력했다. 아니나 다를까 한 개라도 꼭 발급해달라고 울상 지으며 부탁조로 권유하는 것이다. 안타까운 마음에 카드를 발급했지만 같이 있던 직원 25명 중 카드 발급한 사람은 나를 포함하여 두 사람밖에 없었다.

나중에 들은 이야기지만 그분께 카드 발급한 다른 직원도 그 남성 사원의 표정을 보니 현재 상황이 안타까운 것 같아서 발급을 했다고 한다. 이런 영업 방식으로는 판매를 많이 못할 뿐 아니라 오래도록 하지도 못한다. 여성 사원은 일 년에 두 차례씩 꼭 방문하여 세일즈를 이어나가지만 60대 남성 사원은 그날 이후 보지 못했다. 그도 여성 사원처럼 웃는 얼굴을 하고 자신의 상품을 자신 있게 판매했더라면 아마 더 많은 실적을 올렸을 것이 분명하다. 그리고 현재도 꾸준히 카드 세일즈를 이어나가고 있었을 것이다.

우리가 무턱대고 웃는 연습을 한다고 해서 표정이 좋아질 수 있을까? 자신이 판매하는 상품이나 음식 맛이 최고라는 자부심을 가져보자. 그런 자부심을 가졌을 때 덩달아 좋은 표정도 지을 수 있다. 안 되면 될 때까지 한다는 마음으로 하루에도 수십 번씩 웃는 연습을 해서 고객에게 좀 더 편하게 다가갈 수 있도록 노력해 보는 것은 어떨까?

05

어떤 경우에도
기본을 지켜라

나는 점심을 먹기 위해 어느 식당에 갔다. 부부가 운영하는 식당으로 작은 프랜차이즈 가게였다. 그곳은 고객서비스 차원에서 후식으로 원두커피를 제공하고 있었다. 점심 시간이라서 식사하고 있는 사람들이 몇 테이블 있었고 나도 자리를 잡고 앉았다. 옆 테이블에 있던 남성 중 한 명이 식사를 마치고 원두커피를 내리려고 하는데 기계가 고장 났는지 잘 되지 않아 사장에게 말했다.

"원두커피 내리려고 하는데 잘 안 되네요?"

"잠시만요! 그렇게 하는 거 아니에요! 앉아 계세요."

여사장은 대뜸 신경질적인 반응으로 말하는 것이었다. 옆에서 듣고 있던 내가 다 민망했다. 그 남성과 같이 식사를 하러 온 사람들은 '얼마나 무안할까?'라는 생각이 들었다. 사장님은 그에게만 무례하게 대했지만 옆 테이블에 있는 나의 감정까지 상하게 했으니, 고객이라는 같은 입장에서 생각했을 때 그곳에 있던 모든 고객들에게 불친절하게 대한 것이나 다름이 없는 것이다. 한 사람에게 무례하고 불친절하게 대한다면 결국은 모든 고객이 같은 기분을 느낄 것이다. 그렇기 때문에 항상 모든 고객이 나를 지켜보고 있다는 생각을 하며 고객에게 친절하게 대해야 한다. 원두커피 기계의 사건만 가지고도 고객들에 대한 친절도를 알 수 있는 것이다.

그 사건뿐만 아니라 평소에 나는 여사장님이 마치 고객과 상업적인 관계를 유지하려고 한다는 생각이 들었다. 자주 가서 식사를 하지만 단골고객 대하듯이 친근하게 대해 준 적이 한 번도 없었다. 식사 시간에는 포장이 가능하고 배달을 해 주는 장점 때문에 장사가 그럭저럭 되는 가게였지만 고객에게 더 친근하고 친절하게 대해야 한다는 마인드로 단골고객 관리를 한다면 더 번창할 수 있겠다는 생각이 들었다.

장사의 기본은 만약 식당을 운영한다고 하면 단연 맛이 우선이어야 하고, 물건을 파는 상점이라고 하면 물건의 질이 우선 되어야 한다. 그런 다음 친절하게 고객을 대하는 것은 기본 중의 기본이다. 어떤 가게들은 그런 사실을 간과한 채 물건 값을 비싸게 받고 돈 벌기에만 급급한 가게들이 있다. 그런 곳은 오랫동안 꾸준히 장사가 잘되기는 어려울 것이다. 기본을 지킨 다음에 장사 기술을 늘려 나가야 더 크게 성공할 수 있을 것이다.

어느 날 점심을 간단하게 먹기 위해 분식집을 찾았다. 음식을 주문하고 앉아 있는데 옆 테이블에 노부부가 간단한 요기를 하려고 식당에 들어왔다. 80대 중후반 정도 되어 보였는데 할아버지는 귀가 잘 안 들리시는 것 같았고 할머니는 어딘가 아파 보이는 모습이 역력했다. 분식집 사장님은 그들에게 다가가더니 허리를 숙이고 음식을 차근차근 설명해 드리며 주문을 받았다. 그리고 음식을 가져다 드리면서 뜨겁다며 천천히 드시라고 안내해 주는 모습을 나는 옆 테이블에서 지켜보았다. 그 모습을 보는 내가 오히려 사장님의 배려를 받은 듯한 느낌이 들었고 마음이 흐뭇해졌다. 사장님의 친절한 서비스에 감동을 받은 나는 그날 이후 분식을 먹고 싶은 날이면 항상 그 가게를 이용하게 되었다. 의도하지 않게 베풀었던 행동이라도 고객이 보기에는 감동을 느낄 수가 있고 반대로 불쾌감을 느낄 수가 있다. 언제 어디서나 사장과 직원의 행동을 예의 주시하고 있다고 생각하며 친절하게 대해야 한다는 생각을 잊지 말자.

고객은 소비를 하러 오는 입장이기 때문에 가게에서 일어나는 모든 상황을 좋은 쪽으로만 바라보지 않는다. 사장과 직원이 어떤 실수를 저지르나 지켜보고 있다는 생각을 한다면 의도적으로라도 고객에게 친절하게 대할 수 있을 것이고 실수도 덜할 것이다. 그런 시선이 불편하다고 느낄 수도 있지만 고객의 마음이 매출로 직결된다고 생각한다면 그들의 모든 면이 좋게 생각되지 않을까. 불친절한 사소한 말 한 마디나 행동으로 인해서 고객은 떠날 수 있다는 것을 알아야 한다.

친구의 회사 직원들이 회사 근처에 있는 고깃집에서 회식을 한 적이 있다. 회식이 끝나고 총무과에 있던 친구가 음식 값을 계산하는 과정에서 생각 외로 음식 값이 많이 나왔다고 생각했다고 한다. 의아한 마음에 가게 주인에게 명세서를 적어달라고 하니 직원들이 먹지도 않은 술과 고기를 추가로 책정해서 계산서에 넣은 것이었다. 가게 사장님은 회사 직원들이 워낙 많아서 일일이 다 계산을 하지 못할 것이라는 생각에 꼼수를 부린 것이다. 모르고 넘어갔다면 모를까 친구가 알게 된 이상 그날 이후로 친구의 회사 직원들은 그 식당을 이용하지 않는다고 한다. 이곳처럼 꼼수를 부리는 가게는 앞으로 대박 날 가능성이 없다. 당장은 매출이 오르겠지만 비양심적인 가게라는 입소문이 나기 시작하면 문 닫게 되는 것은 시간문제라고 봐야 한다.

비슷한 예로 '한우 직판'이라는 콘셉트로 개업한 쇠고기집이 있었다. 고기를 구워 먹는 식당과 정육점을 동시에 운영하는 곳이었다. 고객들에게 믿고 먹을 수 있는 고기를 판매한다는 이미지를 내세워 처음에는 손님이 꽤 많았고 장사가 잘되었다. 나도 그곳에서 몇 번 고기를 샀던 적이 있었는데 나쁘지 않았다. 그런데 가게가 개업한 지 얼마 되지 않은 어느 날 갑자기 새 주인으로 바뀐다는 안내문이 붙어 있었다. 장사가 잘되었던 곳인데 갑자기 주인이 바뀐다고 하니 의아해서 알아보니 고기 양을 속여서 판매했던 것이 들통 나서 더 이상 원래 주인이 장사를 하지 못하게 된 것이라고 한다. 이처럼 가게 매출을 올리겠다는 생각만으로 속여서 장사를 한다면 오래 못 가는 것이다.

사람과의 관계에서도 신뢰감은 없지만 자신에게 친절하게 대해 준다고만 해서 관계를 유지하고 싶지 않듯이 가게를 운영하는 것도 같은 이치다. 고객을 속이고 자신의 욕심만으로 가게를 운영한다는 것은 신뢰를 잃는 행동이다. 신뢰를 잃으면 아무리 친절한 사장님이라 할지라도 한 번 떠난 고객의 마음은 되돌릴 수 없다는 것을 알아야 한다.

내가 이십 대일 때 지하상가를 지나가는데 작은 신발 가게에서 너무 예쁜 구두를 발견했던 적이 있었다. 구두를 사야겠다는 생각은 없었지만 구두를 한번 신어보니 마음에 쏙 들었기 때문에 살까 말까를 고민하고 있는데 사장님이 말했다.

"한 켤레 남은 구두라서 싸게 줄 테니 예쁘면 사세요."

"예쁘긴 한데 지금은 필요가 없어서요."

"그래도 할인해 줄 때 사가세요. 원래 이 가격보다 훨씬 비싼 거예요. 그리고 이제 이 디자인은 안 나와요."

"할인도 해 주신다고 하니 구입할게요."

할인된 가격에 구두를 구입하고 집에 와서 신어보며 신발을 이리저리 살펴보는데 구두밑창에 가격표가 적혀져 있는 것을 보고는 깜

짝 놀랐다. 이유는 내가 할인해서 구입한 금액보다 훨씬 낮은 금액이 적혀 있었기 때문이다. 이런 일이 발생하기 전까지는 물건을 구입할 때 의심하지 않고 사장님이 부르는 값으로 지불했지만 이제는 가격표를 직접 본 후에야 물건 값을 계산하는 습관이 생겼다. 그리고 두말할 것도 없이 지하상가에 가더라도 그 신발 가게는 보지도 않고 지나친다. 나는 비교하고 꼼꼼히 따지며 물건을 사는 것보다 한 번 구매해서 만족하면 계속해서 그 가게를 이용하기 때문에 단골고객으로 만들기가 쉬운 사람이다. 하지만 그곳은 처음부터 나에게 신용을 잃었기 때문에 단골고객을 잃은 것이나 다름없다.

길을 지나가는 수많은 고객 중의 한 명일지라도 단골이 될 수도 있고 충성고객이 될 수도 있다는 것을 알아야 한다. 한 번 구입한 것을 끝으로 다시는 안 올 고객이 아니라 단골이 될 수도 있다는 생각을 한다면 고객을 속이는 일은 하지 않을 것이다. 그리고 물건을 구입해 주는 고마운 사람이라는 생각을 한다면 그들을 속일 필요도 없고 더 정직한 서비스로 보답할 수 있을 것이다. 장사를 시작했다면 이떠한 경우에도 신뢰를 잃지 않는 기본을 지키는 가게를 만들도록 하자.

06

고객의 입소문이
매출을 좌우한다

골목에 위치하고 있어서 아무리 찾기 어려운 식당이라도 손님들이 줄 서는 가게가 있고, 반대로 누구나 쉽게 찾을 수 있는 도로변에 위치한 곳이지만 식사 시간이 되어도 한산한 가게가 있다.

내가 아는 어느 가게는 시장의 골목 끝에 위치하고 있어서 처음 가는 사람이라면 단번에 찾기가 어려운 식당이 있다. 그곳은 점심 시간만 되면 회사원들로 발 디딜 틈이 없다. 멋진 외관과 근사한 인테리어를 자랑하는 식당이 아니라 오히려 시골집을 연상케 하는 곳이다. 건물도 허름하고 찾기도 어려운 이곳이 왜 줄 서서 먹는 가게가 되었을까? 여사장님이 운영하는 곳인데 고객이 주문한 음식을 집밥 같이 푸짐한 양으로 대접한다. 모든 반찬을 사장님이 직접 만들고 여러 가지 종류의 반찬을 사장님의 넘치는 인정으로 제공하니 한 끼 식사를 저렴한 가격으로 먹을 수 있는 직장인들에게 인기가 좋은 것이다.

직장인뿐 아니라 시장에 들르는 사람이라면 한 번쯤은 이곳에서 식사를 해 봤을 만큼 입소문이 난 곳이다. 10년이 넘는 기간 동안 한곳에서 식당을 운영하고 있으니 꾸준히 찾는 단골고객도 꽤 많다. 이처럼 근사한 인테리어를 한 넓고 큰 가게가 아니더라도 입소문만 제대로 난다면 억대 매출을 올리는 가게가 될 수 있다.

음식 맛이 훌륭하거나 상품이 좋다면 구입한 사람에 의해서 자연스레 홍보가 되는 좋은 영향이 있다. 그렇지만 반대로 상품의 품질이 나쁘다거나 음식 맛이 없다는 입소문이 나게 되면 회복할 수 없을 정도로 타격을 받게 된다. 가게의 사장이나 직원의 행동과 말 한마디가 단골고객을 만들기도 하고, 다시는 찾지 않는 고객을 만들기도 한다는 것을 알아야 한다. 그래서 상품의 품질이나 음식 맛뿐만 아니라 아주 작은 서비스와 한마디 말에도 고객의 입장에서 생각하며 해야 한다는 것을 잊지 말자.

회사 동료가 시내에 가격이 저렴하고 음식 맛도 괜찮은 새로 생긴 레스토랑이 있다고 소개해 주는 것을 나를 비롯한 3명의 여직원이 들었다. 나는 그 레스토랑의 위치를 알려달라고 해서 메모를 해 두었고 주말에 바람 쐬러 갈 겸 그곳에 식사를 하러 갔다. 장사가 잘되는 곳이었는지 대기표를 받고 밖에서 기다리고 있는데 레스토랑을 추천해준 이야기를 같이 듣고 있던 다른 직원 한 명과도 그 자리에서 마주쳤다. 그녀도 가족과 식사를 하러 왔다고 했다. 레스토랑은 분위기도 좋았고 음식도 맛있었다. 식사를 하는 도중 친동생에게서 안부 전화가 걸려왔다.

"내가 지금 식사하고 있는 이 레스토랑 네가 자주 지나가는 곳이잖아. 다음에 친구들과 한번 와봐. 분위기도 괜찮고 음식 맛도 괜찮아"라는 말을 했다. 자연스레 가족에게까지 홍보를 하게 된 셈이다. 회사 동료의 한마디로 나의 가족도 잠재고객으로 만들었으니 레스토랑 홍보의 파급 효과가 큰 편이었다. 동생은 친구들과 약속할 일이 있을 때 한 번씩 이곳에 들러서 식사를 한다고 하니 동생의 친구들까지도 잠재고객으로 만든 것이다.

누군가에게 어떤 가게를 소개시켜 줄 때에는 문제가 되는 일이 발생했을 때 비난 받는 것이 싫어서 쉽게 소개를 하지 않는다. 음식점의 경우 가게 분위기, 음식 맛, 서비스 3박자가 맞아야 누군가에게 자신 있게 소개시켜 줄 수가 있다. 그러니 작은 가게를 운영하고 있다면 어느 것 하나 소홀히 할 수가 없는 것이다.

요즘은 스마트폰으로 쉽게 접할 수 있는 SNS나 블로그 또는 카페를 통해서 홍보하는 것도 가게의 매출을 좌우할 만큼 영향력이 크다. 춘천에 위치한 곳에 억대 매출을 올리는 작은 과일 가게가 있다. 부부가 운영하는 이곳은 오후 1시만 되어도 그날 준비된 과일이 다 팔릴 정도로 고객들로 인해 문전성시를 이루는 곳이다. 사장님은 직접 서울에 있는 청과시장까지 가서 신선하고 당도가 높은 과일을 구입해 온다고 한다. 그렇지만 단지 신선한 과일을 판매한다고만 해서 억대 매출이 가능한 것은 아니다. 처음 장사를 시작했을 때는 길모퉁이의 좌판에서 과일을 팔기 시작했지만 조금씩 번창하여 번듯한 가게에서 장사를 할 수 있게 되었다고 한다. 하지만 생각만큼 매출이 많이 오르지 않자 고민 끝에 신선한 과일을 고객이 그 자리에서 직접 주스로 만들어 먹을 수 있는 카페를 만들어 과일 비용만 받고 무료로 제공했다고 한다. 신선한 과일주스를 맛본 고객들이 자연스럽게 과일을 구매하는 것으로 이어지면서 싱싱한 과일맛이 입소문 나기 시작했고 하루가 다르게 매출이 상승했다고 한다.

억대 매출을 올리는 비법은 그뿐만이 아니었다. 아침마다 아내가 신선한 과일 사진을 찍어서 운영 중인 인터넷 카페에 올린다고 한다. 춘천 전 지역에는 2만 원 이상의 과일을 구매하면 무료로 배송해 주기 때문에 1,500명이 넘는 카페 회원이 가입되어 있다고 한다. 이 과일 가게에서 발생하는 하루 평균 매출이 500만 원이 넘는다고 하니 인터넷 카페의 효과와 고객들의 입소문 영향이 얼마나 대단한지 알 수 있다.

입소문 나는 가게를 만들기 위해서는 고객들의 반응만 기다리기보다는 과일 가게 사장처럼 가게를 홍보하기 위한 고민을 하고, SNS 마케팅을 이용하는 등 여러 가지 방법을 시도해 봐야 한다. 판매하는 상품이 훌륭하다는 것을 고객들이 알아주기만을 기다리는 시대는 지났다. 회사 면접시험을 보러 가서 자신의 화려한 스펙을 면접관이 먼저 알아주기를 기다리는 것보다 적극적으로 어필해야 합격할 가능성이 많은 것처럼 가게를 적극적으로 홍보해야 입소문 효과도 제대로 난다.

매스컴이나 인터넷에 가게를 노출시키는 방법 말고도 가게를 이용한 고객에 의해 입소문이 나면서 잘되는 곳도 있다. 대부분의 여성들은 자신의 일상을 남들과 공유하길 원하는 성향이 있다. 그래서 피부 관리실에서 받은 서비스가 좋았다든지, 식당의 음식이 훌륭하다든지 일상에서 겪은 일을 SNS에 남기는 경우가 많다. 또는 친구나 지인들과의 대화를 통해서도 자신의 일상을 이야기하는 도중에 자연스럽게 가게가 홍보되는 경우도 있다.

내가 자주 다니는 피부 관리실의 사장님은 고객에게 정보를 제공함으로써 단골고객 관리를 한다. 요즘은 남녀노소 그리고 직업을 불문하고 많은 사람들이 자기 관리에 노력을 기울인다. 피부 관리실에도 여러 종류의 직업을 가진 사람들이 많이 찾는다. 사장님은 고객에게 피부 관리를 하면서 여러 가지 이야기를 많이 나누며 정보를 얻는다. 고객의 직업과 관련된 이야기나 부동산에 관련된 이야기 등 여러 종류에 관한 이야기를 나누며 알게 된 정보를 직접적으로 필요한 사람에게 알려주고 조언해주는 방식으로 고객의 신뢰를 얻는다. 물론 고객의 사적인 일과 관련된 일은 절대 이야기하지 않는다.

나는 평소에 아침에 일어나는 것이 힘들고 피곤함을 자주 느껴 몸에 디톡스가 필요하다는 것을 느끼고 있었다. 그런데 때마침 피부 관리실 사장님도 해독의 필요성을 느껴 건강식품으로 디톡스를 하고 있다고 했다. 나는 건강식품에 대한 정보가 없었기에 식품을 먹어서 디톡스를 하겠다는 생각은 하지 않았었다. 그런데 사장님과 그동안 쌓아온 신뢰를 보아 그녀는 꼼꼼한 성격으로 여러 가지 확인 절차를 거쳐서 제품을 선택했을 거라는 생각이 들었다. 그래서 그녀가 먹는 식품을 바로 구입해서 먹었던 적이 있다. 고객 한 사람으로 인해서 잠재고객에게까지도 영향을 미친다는 사실을 보여준다.

고객의 입소문으로 억대 매출을 올리는 가게를 만들기 위해서는 고객이 알아서 홍보해 줄 것을 기다리며 막연히 언젠가는 잘될 것이라는 생각만 하며 시간낭비하지 않아야 한다. SNS를 이용하거나 가게를 홍보해 줄 방법을 찾고 적극적으로 가게를 운영해야 한다.

07

생각의 틀에
갇히지 마라

'생각의 틀에 갇히지 말라'는 것은 무슨 뜻일까? 사람은 흔히 자신이 자라온 환경과 겪어온 일들을 바탕으로 생각을 한정 짓는 습관이 있다. 방향을 바꾸어 생각하면 성공할 수 있는 일도 지금까지 그래 왔듯 살아온 방식대로 살아가며 편한 생활에만 안주하는 경우가 많다. 생각의 틀에 갇혀서 편하게만 일하려고 한다.

　요즘은 커피숍이라고 해서 커피만 팔지 않는다. 커피와 곁들여 먹으면 좋은 디저트도 함께 판다. 더 나아가서 머그컵, 원두, 텀블러 등 커피나 차와 관련된 모든 것을 커피숍에서 판매한다. 사람들이 커피를 주문하고 음료가 나오기를 기다리는 동안 가게 안을 두리번거리며 상품들이 진열된 쪽으로 시선을 옮긴다. 그런 식으로 추가 구매가 이루어지는 경우가 다반사다. 만약 생각의 틀에 갇힌 사고방식이라면 커피숍에서 음료 외의 상품을 판매할 것이라는 생각을 하기는 어려울 것이다. 지금은 너무도 흔하지만 처음부터 커피숍에서 다양한 물품을 판매했던 것은 아니기 때문이다.

시내 변두리에 커피숍이 있다. 2층 건물 전체를 커피숍으로 사용하고 있는 곳이다. 들어가는 입구를 예쁜 정원으로 꾸며 놓았는데 걸어서 들어가는 길목에 작고 예쁜 화분들을 가져다 놓아 사람들의 시선을 사로잡는다. 화분이 작고 아담하니 사람들은 쉽게 손이 갈 것이고 가격이나 부피 면에서 부담이 덜하기 때문에 화분 판매의 매출 또한 적지 않다고 한다. 낮 시간 동안은 주 고객층이 주부이다 보니 인테리어용으로 구매해 가는 경우가 많기 때문이다. 커피숍에서는 커피와 관련된 것만 팔아야 한다는 생각의 틀에 갇혀 있는 사장이었다면 정원에 어울리는 화분을 진열해 놓고 팔아야겠다는 생각을 쉽게 하지 못했을 것이다. 그러나 생각을 바꿔 푸른 정원에 빛날 수 있는 예쁜 화분을 갖다 놓아 판매함으로써 부수적인 수입을 올리고 있는 경우다.

허가를 받고 판매해야 하는 상품이나 식품을 제외하고는 가게에서 추가적으로 판매해서 매출을 올릴 수 있는 상품이 무엇인지 고객의 구매 패턴을 보고 생각해 보자. 어떤 경우든 한 가지 생각만 하는 고정관념을 벗어던지고 유연한 생각을 해야 매출을 상승시킬 수 있는 방법이 떠오르기 마련이다. 틀에 갇힌 생각으로 가게 운영을 한다면 매출을 올릴 수 있는 기회를 놓쳐 버릴 것이다. 고객에게 물건을 판매하는 것이 끝이 아니라 열린 마음으로 그들을 관찰한다면 답이 나올 것이다.

내가 일하는 농협에는 매장 안에 작은 마트도 함께 운영한다. 신입 직원이 입사하면 여자 직원은 마트 업무부터 배우는 경우가 대부분인데 나 역시도 예외는 아니었다. 어느 무더운 여름날이었다. 내가 마트에서 일하던 때가 10년 전이었는데 그 당시 마트에는 얼음물을 팔지 않던 때였다. 그런데 날씨가 더우니 어떤 고객이 지나가는 말로 얼음물은 판매하지 않느냐고 하는 것이었다. 나는 고객이 요구하는 것을 흘려듣지 않고 해결할 수 있는 방법을 생각했다. 얼음물을 판매하자니 냉동고가 필요했지만 물을 넣을 여유분의 냉동고가 없었다. 궁리한 끝에 만두를 판매하고 있던 냉동고 안에 작은 코너를 만들어서 물을 얼려서 판매하기 시작했다. 그러자 물을 얼려놓기가 바쁠 정도로 많은 고객이 찾기 시작했다.

원래 팔지 않았던 것이기 때문에 판매할 방법조차 고민하지 않더라면 발전하는 가게를 만들 수 없다. 생각을 유연하게 한다면 방법이 보이기 마련이다. 매출이 제자리이고 장사가 잘 안되는 경우인데도 불구하고 자신의 고집대로만 가게를 운영하겠다는 생각은 접어두도록 하자. 안 되는 방법만 고집하지 말고 생각을 바꾸어 사람들이 요구하는 것이 어떤 것인지 귀담아 듣는 것은 어떨까? 처음부터 판매하지 않았던 물건이니 앞으로도 그것을 판매할 수 없다는 생각을 과감하게 버리고 고객들의 요구사항을 들어주려는 노력을 하면 매출을 올릴 수 있는 기회가 보인다. 더 나아가서 그들이 직접적으로 요구하지 않지만 무엇이 더 필요할지를 관찰해 보면 억대 매출의 반열에 오를 수 있다. 고민 없이 장사한다면 발전하기는커녕 현상 유지를 하는 것만으로도 고맙게 생각해야 할 것이다. 생각의 틀을 깨어 부수고 고객들이 요구하는 것을 끊임없이 고민하고 행동으로 옮겨야 한다는 사실을 잊지 말자.

시내에 있는 참치전문점에는 고급 음식점인데도 불구하고 점심과 저녁 시간이 되면 문전성시를 이룬다. 점심시간에는 특선 메뉴로 할인된 고급 참치를 맛볼 수 있기 때문이다. 그렇다면 왜 고급 음식을 할인된 가격까지 제시하면서 점심 특선 이벤트를 하는 것일까? 길을 가던 사람들이 점심시간에 고객들로 줄 서 있는 모습을 보면서 인기 있는 식당인 것이 분명하니 자신도 한 번쯤은 이곳에서 식사를 해야겠다는 생각이 들 것이다. 사람들이 모이는 곳에 자기도 속하고 싶다는 군중심리를 이용한 것이다. 손해는 면할 정도의 점심 특선 이벤트를 하며 저녁 손님을 유치하는 전략이다. 그리고 점심시간에 참치를 맛본 고객들의 음식 평이 좋다면 저녁에 가족과 함께 다시 찾을 가능성도 많다. 회식이나 가족과의 외식 등 단체 고객을 노린 것이다.

비용을 들여서 홍보를 하는 대신 과감한 할인 이벤트로 사람들이 줄을 서서 먹는 식당이라는 이미지를 만들어서 저녁 시간대의 고객을 유치하는 방법을 택했다. 홍보라고 해서 비용을 들여야 한다거나 SNS를 이용해야 대박 날 수 있다는 생각을 했던 것이 아니다. 고객의 심리를 파악해서 홍보를 한 것이다. 이곳은 지역에서 꽤 알아주는 억대 매출을 올리고 있는 식당 중의 하나이다. 생각의 틀을 깨어버리게 되니 매출은 저절로 따라온다는 것을 알 수 있다.

생각의 틀에 갇히지 않아야겠다는 마음은 있지만 막상 행동하려고 하면 쉽지 않을 것이다. 그런 경우 가게를 운영하고 있는 방법이나 판매되고 있는 물품들을 바라보고 어떤 방법으로 단골고객을 더 늘려나갈지 고민해 보는 것도 좋은 방법이다. 이렇듯 생각의 틀에 갇히지 않겠다는 마음으로 치열하게 고민해서 당신의 가게 매출을 두 배로 상승시킬 수 있도록 노력해 보자.

Chapter 3

따라 했을 뿐인데
쪽박집이
대박집 되다

장사 고수의 비법 노트

1. 고객이 감동하게 하라.
2. 고객이 내 가게를 찾아와야 할 이유를 만들어라.
3. 고객의 불평, 불만을 흘려듣지 마라.
4. 내가 먼저 주면 배로 돌아온다.
5. 고객과 대화하라.

01

고객과 소통하는
서비스를 하라

어느 주말 시내에 나가서 점심을 간단하게 먹을 것이 없을까 고민
하다가 김밥과 떡볶이를 먹기로 했다. 편안하게 즐기면서 먹고 싶
은 마음에 김밥과 떡볶이를 포장해서 집에서 먹으려고 생각했다.
보통 식당에서 음식을 포장하면 일회용 용기에 포장을 해주는데 당
시 임신 중이었던 나는 환경호르몬이 신경 쓰여 떡볶이를 담을 유
리 용기를 직접 가지고 김밥 전문점에 방문을 했다.

"떡볶이는 이 유리 용기에 담아주세요."

"네, 여기에 담아 드리겠습니다."

곧이어 주문한 음식이 나왔다는 사장님의 목소리가 들려서 포장
한 음식을 가지러 계산대에 갔는데 황당한 일이 벌어졌다. 부부가

직접 조리도 하고 계산도 하는 김밥 전문점이었는데 아내가 떡볶이를 일회용 봉투에 담아서 유리 용기에 넣어 놓은 것이 아닌가. 내가 일회용 봉투를 사용하는 것이 꺼려져 유리 용기를 가지고 왔다고 계산할 때 사장님에게 말을 했었다고 이야기했더니 아내는 유리 용기가 깨질까 봐 일회용 봉투에 한 번 더 담았다는 것이다. 더군다나 주문을 잘못 받았다는 이유로 부부는 고객이 보는 앞에서 언성을 높이며 서로의 잘잘못을 가리고 있었다.

나는 미안한 마음이 들었지만 한편으로는 고객의 마음을 헤아리지 못하는 가게라는 생각이 들었다. 유리가 깨지면 가게의 책임으로 용기 값을 물어줘야 하는 상황이 발생할 수 있기 때문에 일회용 봉투에 담은 것은 아내의 입장에서 생각한 행동이기 때문이다. 만약 고객의 입장에서 생각했다면 고객이 유리 용기를 가지고 온 이유를 한 번쯤은 생각해 봤어야 한다. 깨질 것이 우려되었다면 열을 가해도 안전한 용기인지 고객에게 물어보면 되지 않을까? 주방일이 바빠서 혹은 귀찮아서 물어보는 것을 생략했다가 단골고객을 놓친 셈이 된다.

나는 그곳을 지나갈 때마다 가게 안을 들여다보지만 식사 시간때에도 손님이 많지는 않았다. 가게의 서비스를 보면 손님이 많지 않다는 것은 어쩌면 당연한 일인지도 모르겠다. 방문을 할 때마다 부부의 표정은 늘 무표정한 얼굴이었다. 고객을 맞이하여 인사할 때나 계산을 할 때 그리고 셀프 서비스라 음식을 받으러 갈 때도 늘 사장님은 친절하고 상냥한 말투를 건네는 대신 무표정한 얼굴이었다. 사장님의 표정을 볼 때마다 '나는 이 가게의 매출에 도움이 되지 않는 고객이어서 불친절한가?'라는 생각에 다시 방문하는 것이 꺼려졌다. 그래서 관찰해본 결과 가족 단위의 고객이 오거나 단체 손님이 와도 부부는 늘 무표정이라는 것을 알 수 있었다. 밝은 얼굴로 고객을 맞이하고, 고객과 공감하는 서비스를 한다면 아무리 작은 식당이라 하더라도 더 많은 고객이 찾지 않을까 하는 아쉬움이 남는다. 표정은 고사하고 고객과 소통하며 공감하는 이야기를 한마디도 하지 않는 그 사장님의 장사 전략이란 무엇인지 궁금하다.

동네에서 가게를 운영하는 것이라면 특별히 친절한 서비스에 신경을 써야 한다. 가족과 이웃 그리고 친구들이 한 동네에 살고 있는 경우가 많아서 그 가게의 평판에 대해 금방 입소문이 날 것이기 때문이다.

10평 남짓한 작은 카페가 하나 있다. 점심시간과 저녁 시간에 가면 앉을 자리가 없는 경우가 많고 가끔씩은 서서 기다리기도 한다. 카페 사장님이 50대 초반의 여자 사장님인데 항상 인상 좋은 얼굴로 고객을 맞이한다. 무엇보다 방문하는 고객들과 친밀도가 높다. 단골고객들의 직장이 어디인지 또 사는 곳은 어디인지 고객과 소통하는 모습을 자주 보았다. 물론 나도 그 카페의 단골 중 한 명이다.

그녀를 보면 기분이 좋아지고 그날 있었던 일이나 시시콜콜한 이야기가 하고 싶어진다. 카페를 찾을 때마다 항상 고객과 이야기를 나누는 사장님을 보면 비단 나뿐만 아니라 카페를 찾는 거의 모든 고객이 같은 마음일 것이라는 생각이 든다. 카페에서 음료를 주문하면 군것질거리도 서비스로 제공하는데 몇 조각 안되는 과자를 주지만 고객을 생각하는 그녀의 따뜻한 마음이 느껴진다.

돈을 지불하고 물건을 사거나 서비스를 받는 것이기에 고객은 자신을 반가운 친구를 대하듯 정겹게 대해주며 소통할 수 있는 곳을 좋아한다. 매출이 늘지 않거나 혹은 폐업하기 일보 직전인 작은 가게는 고객의 이야기를 들어주고 공감하려는 노력을 하기보다는 일방적인 구매만을 요구하기 때문에 장사가 잘 안되는 경우가 많다. 안되는 가게는 이런 서비스의 차이를 알지 못한 채 경기 탓만 한다.

찾아오는 고객에게 구매만 요구하는 것보다 사소한 이야깃거리를 나눌 수 있는 친구 관계라고 생각하는 것은 어떨까? 친구끼리는 시간 가는 줄도 모르고 수다를 떨면서 우정을 쌓아간다. 고객과의 관계에서도 그들과 소통하며 그들의 이야기에 공감하는 마음을 가지면서 신뢰를 쌓아나간다면 충성고객이 많아질 것이다. 그런 마음으로 고객을 대한다면 퉁명스러운 말투의 고객과 자신이 우위에 있는 듯한 행동을 하는 고객들 모두 넓은 마음으로 소통할 수 있지 않을까?

얼마 전 미용실에 펌을 하러 간 적이 있다. 미용실에 들어서니 스텝은 내가 원하는 머리스타일을 물어봤다.

"고객님, 원하시는 스타일 있으신가요?"

"단발머리로 자르고 싶은데요."

"그러세요? 요즘은 '고준희 헤어스타일'이 유행인데 고객님께 잘 어울릴 것 같아요."

"그분 머리는 약간 웨이브가 있는 것 같은데 웨이브 머리는 원하지 않아요."

"단발머리이지만 웨이브는 원하지 않으시네요?"

"'고준희 머리' 길이에서 웨이브는 아주 살짝만 넣어주세요."

"네, 원장님께 그대로 전달하겠습니다."

2시간에 걸쳐서 머리를 하고 완성된 모습을 거울로 보는데 내 인상은 굳어졌다. 스텝이 나의 앞뒤 말은 전달하지 않고 '고준희 스타일'이라는 것만 원장에게 전달하여 내가 원하는 스타일이 전혀 아니었던 것이다. 나는 머리를 감고 드라이를 잘 하지 않기 때문에 그대로 말려도 무리 없는 헤어스타일을 원했다. 그래서 시간이 더 걸리더라도 내가 원하는 헤어스타일로 다시 펌을 했었던 적이 있다.

머리 손질을 하는 동안 미용실 원장과 내가 소통을 했더라면 이런 일은 생기지 않았을 것이다. 그녀는 스텝에게 전해들은 이야기로만 고객을 응대하며 나에게 확인도 하지 않았고 나는 스텝이 잘 전달했을 것이라는 생각만 하고 머리를 맡겼다. 그런데 정작 당사자인 원장과 고객인 나는 서로 소통이 없었던 것이다.

고객과 소통할 때 그들의 요구사항을 파악할 수 있고 실수도 줄일 수 있으며 그들이 가지는 불만사항을 개선할 수 있는 기회가 생긴다. 이런 점이 바로 매출과 직결되는 것이다. 그렇기 때문에 고객과 소통하는 서비스로 대박 나는 가게를 만들어 보자.

02
감동 서비스로
충성고객을 만들어라

나는 20대 초반에 호주로 워킹홀리데이를 갔다. 다른 나라에서 다양한 경험을 하고 싶었기 때문이다. 외국으로 가기 위해서는 영어를 필수로 해야 하는데 가정 형편이 넉넉하지 않아서 새벽 6시에 라디오에서 진행하는 교육방송을 들으며 영어 공부를 했다. 그리고 1년 동안 대학도서관에서 일하는 근로 장학생을 하면서 돈을 모아 호주에 가게 되었다.

호주에 도착해서 생활비를 벌어야 했기에 바로 일자리를 구했다. 영어가 유창하지 않은 한국인이 많은 시급을 받을 수 있는 일자리는 청소하는 일이었다. 그래서 나는 피자 가게 청소 일을 택했다. 가게가 문을 닫는 밤 10시부터 다음 날 아침 8시 전까지 청소를 끝내놓으면 되는 일이었지만 낯선 나라에서 밤에 거리를 다닌다는 것이 무서워 새벽에 일어나서 일했다. 아침 7시부터는 다시 스시 가게에 일하러 가야 했기 때문에 새벽 4시에 일어나서 피자 가게 청소 일을 했다. 그때는 어떻게든 살아야 한다는 생각과 돈을 모아서 여행을 다녀야 한다는 생각밖엔 없었다. 그래서 새벽 4시에 일어나서 청소 일을 하는 것과 하루에 두 가지의 일을 하는 것이 전혀 힘들다는 생각이 들지 않았다.

청소가 끝나면 오전 7시부터 스시 가게로 출근했다. 영업할 준비를 하고 스시를 만들어 진열대에 진열해 놓는 일을 했다. 호주에서 스시는 우리나라와는 다르게 김밥 같은 개념이다. 김으로 롤을 만들어서 진열해 놓고 파는 가게였다. 스시의 인기가 좋아서 사람들이 파티 할 때 손님에게 대접하는 음식으로도 구입하는데 파티 음식은 하루 전날 주문을 받아서 판매를 했었다.

어느 날 전화로 주문했던 고객이 음식을 찾으러 왔을 때의 일이다. 스시 가게가 쇼핑몰 안에 위치해 있었는데 고객은 쇼핑을 하고 양손 가득 쇼핑백을 들고 음식을 찾으러 왔다. 나는 그 고객이 주문한 음식을 들고 가다가 쏟을까 봐 걱정이 되어 차가 주차되어 있는 곳까지 음식을 직접 가져다 드렸다. 판매자의 입장에서 고객을 생각해서 한 행동이었지만, 고객은 연신 나에게 고맙다는 말을 했다. 그날 이후 그 고객은 지인들까지 데려와서 매출을 올려주는 충성고객이 되었다.

고객은 자신이 기대하는 것 이상의 서비스를 제공해야 감동한다. 어디에서나 받을 수 있는 뻔한 서비스는 당연하다고 여길 것이다. 오히려 당연하게 생각되는 서비스조차 없을 경우에는 불친절한 가게라는 인상을 남기게 될지도 모른다. 우리는 고객이 원하는 그 이상의 서비스로 감동시켜 충성고객을 만들어야 한다.

내가 농협에 입사하고 처음 4년 동안 지점에서 일을 한 다음 해에 본점으로 발령이 났다. 지점과 본점은 객장에 내방하는 고객의 수가 두 배 이상으로 차이가 나고 다양한 직업을 가진 고객들이 많이 찾기 때문에 일하는 업무 강도가 몇 배 이상으로 힘들다.

어느 날 점심식사 시간이 되기 직전에 어떤 고객의 일처리를 돕고 있었다. 그 고객은 평소에 다른 은행을 이용했다가 거래처를 바꾸기 위해서 내방한 고객이었다. 그래서 나는 신규고객을 단골고객으로 유치해야겠다는 마음을 먹고 점심식사 시간이 되었지만 고객과 많은 대화를 나누었다. 그런 다음 요구사항을 파악해 고객에게 적합한 통장을 개설해 주었다. 그 일이 계기가 되어 고객은 은행 거래를 할 때마다 나에게 와서 일처리를 하는 단골고객이 되었다.

1년 후 내가 일하고 있던 본점과 거리가 그다지 멀지 않은 다른 지점으로 발령이 나게 되면서 그 고객에게 그동안 거래를 해 주신 점에 대해 감사하다는 인사를 했다. 그것으로 그와의 인연은 끝인 줄 알았는데 오히려 내가 있는 지점까지 와서 나에게 일처리를 맡기는 충성고객이 되었다. 고객을 위한 작은 배려가 충성고객을 만들 수 있다는 생각을 하게 되니 더 친절한 서비스로 보답해야 되겠다는 다짐을 한 계기가 되었다.

나는 사람과의 인연을 소중히 여기기 때문에 나의 단골고객에게는 특별히 신경을 쓴다. 명절이 다가오면 작은 성의 표시도 하고 가끔씩 안부 메시지도 보낸다. 충성고객은 쉽게 만들어지지 않는다. 진심으로 고객을 대한다는 마음이 전달될 때 고객들도 마음의 문을 연다. 나의 경우 고객과의 끊임없는 대화를 통해서 그들이 현재 원하는 것이 어떤 것인지 파악한다. 아무리 사소한 일이라도 귀찮다는 생각보다 그들을 위해서 일한다는 생각으로 내가 할 수 있는 업무는 직접 처리해 준다. 감동 서비스로 보답하니 고객은 나를 신뢰하게 되었고 충성고객으로 발전하게 된 것이다.

무언가를 얻고자 한다면 고객의 요구사항을 먼저 알고 해결해 주는 감동 서비스를 제공해야 한다. 한 번 왔던 고객이 두 번 왔다고 해서 충성고객이 되기는 어렵다. 그들의 이야기에 공감하고 소통하면서 진심 어린 마음이 통할 때 그들은 감동을 느낄 것이다.

친구를 만나 밥을 먹기 위해서 시내에서 유명한 고깃집에 갔다. 냄새에 민감한 나는 옷에 고기 냄새가 배이는 것이 싫어서 아무리 추운 겨울이라도 외투는 차 안에 넣어두고 식당에 들어가는 편이다. 그런데 친구와 식당 안에 들어서자 한 사람씩 봉지를 나눠주는 것이었다. 용도를 알고 봤더니 봉지 안에 옷을 넣어 놓으면 옷에 냄새가 배이는 것을 방지할 수 있다는 것이었다. 고객의 옷 냄새까지 신경을 쓰는 것을 보니 고객을 위하는 배려가 깊다는 생각이 들어 식당 이미지가 좋게 느껴졌다. 작은 서비스에 감동하니까 직원들이 더 친절하다고 느껴졌고 음식 맛 등 모든 서비스가 다 좋다는 생각마저 들었다. 그래서 나는 시내에서 친구를 만날 때면 그 식당을 종종 이용하곤 한다. 사소한 서비스 하나로도 고객을 감동시킨다면 좋은 이미지를 남기게 마련이다.

내가 제공하고 싶은 서비스가 아니라 고객이 원하는 서비스를 제공해야 고마움을 느끼고 감동을 받는다. 식당에 밥을 먹으러 온 고객이 배불리 먹고 일어서려고 하는데 사장이 서비스라면서 밥과 국을 한 공기 더 제공한다면 이미 배가 부른 고객은 고마움을 느끼기는커녕 불쾌감을 느낄 것이다. 그렇지만 배고픔을 많이 느끼는 고객에게 맛있는 음식을 서비스로 제공한다면 고객은 고마움을 넘어선 감동을 느낄 것이다. 고객에게 감동을 이끄는 서비스를 하더라도 사장의 입장이 아닌 고객의 입장에서 생각하며 서비스를 제공하자. 그 방법이 바로 충성고객을 만드는 지름길이라는 것을 알아야 한다.

03

상품이 아닌
마음을 팔아라

상품이 아닌 마음을 판다는 이야기는 무슨 뜻일까? 매출을 올리는 판매자 입장에서는 고객의 마음을 얻어야 매출이 발생하고 실적을 올릴 수 있다. 그렇지만 고객의 마음을 얻는 것은 하루에도 수십 번 변덕이 심한 여자의 마음을 얻는 것만큼 어렵다.

어느 은행에는 전국에서 순위에 들 만큼 세일즈 실적이 뛰어난 직원이 있다. 그는 고객과 친해지기 위한 방법으로 호칭을 달리 해서 고객을 대한다고 한다. 처음 보는 중년 여성이 은행을 방문했을 때 "형수님, 어떤 일로 오셨습니까?"라는 호칭으로 낯설게 느끼는 분위기를 따뜻한 가족 같은 분위기로 바꿔서 실적을 올리는 데 한 몫했다는 것이다. 그 여성은 형수님도 아니고 더군다나 처음 보는 여성이었다. 그녀는 직원이 형수라는 호칭을 불러주니 친근함을 느끼고 다시 찾고 싶은 마음이 들었다고 한다. 친해지기 어려운 은행 직원이 아닌 친근한 동네 아저씨 이미지로 탈바꿈한 것이다.

단어 하나가 별것 아닌 것처럼 생각되지만 사람 마음을 움직이는 힘으로 작용한다는 것을 알 수 있다. 적절한 타이밍에 적절한 호칭을 쓸 때 고객의 마음을 얻을 수 있지만 반면에 역효과가 나는 경우도 있다.

고객의 마음을 얻는 방법으로는 그들과 공감하는 대화를 하며 친해지는 방법이 있다. 내가 임신 7개월에 들어섰을 때 '자연분만을 무사히 할 수 있을까' 하는 걱정이 앞섰다. 그래서 인터넷에서 자연분만에 관한 기사를 검색하던 중 산전마사지가 자연분만에 도움이 된다는 정보를 접했다. 평소 다니던 피부 관리실에서 산전마사지 프로그램을 등록해서 관리를 받게 되었다. 사장님은 이미 3명의 자녀를 출산한 경험이 있어서 그에 관한 많은 정보를 알고 있었기에 대화를 통해서 출산에 관련된 많은 점을 배울 수 있었다. 아이와 소통할 수 있는 태교법, 고통을 줄이며 좀 더 빨리 출산할 수 있는 방법, 그리고 자녀를 키우는 것에 있어서 중요한 자녀 양육법 등에 관한 정보를 배웠다. 그녀가 가르쳐준 출산 전 운동을 열심히 따라한 덕분에 순산을 하게 되었고 나는 어느덧 충성고객이 되었다.

고객의 마음을 얻고 싶다면 공통된 관심사를 발견하고 자연스러운 대화를 통해서 그들에게 한 발 더 다가가는 방법이 있다. 공통된 관심사가 없다 하더라도 그들의 이야기를 충분히 들어주고 공감하는 것으로도 마음을 열 수 있다. 고객의 마음을 얻는다는 것을 거창하게 생각할 필요는 없다. 고객의 입장을 이해하고 먼저 마음을 열 때 그들도 충성고객이 되어 가게를 홍보해 주는 역할도 할 것이다.

어느 날 우리 영업점에 50대 초반의 여성 고객이 새로 이사를 왔다며 거래를 하러 온 적이 있다. 남편의 사업체 이동으로 이사 오게 되었는데 5명의 직원을 고용한 작은 공장을 운영하고 있다고 했다. 나는 여성을 단골고객으로 만들기 위해 고객과 공통된 주제를 찾아내고 많은 대화를 나누었다. 그리고 대화 속에서 파악한 정보를 통해 고객이 사용하면 혜택을 받을 수 있는 카드를 권유했다. 그녀는 흔쾌히 카드 발급에 응해 주었고 궁금한 사항은 언제든 전화달라는 의미에서 명함을 건네고 업무를 종료했다. 그런데 어느 날 퇴근 후 휴대폰으로 모르는 전화번호의 전화가 걸려왔다.

"여보세요. 허로민입니다."

"네, 저는 얼마 전 카드 발급한 사람인데요. 기억하시나요?"

"네, 당연히 기억합니다. 안녕하세요? 사모님, 어떤 일로 전화하셨나요?"

"지금 급하게 처리해야 하는 일이라서 텔레뱅킹을 이용하고 있는데요. 그런데 뭐가 문제인지 잘 안 돼서 도움을 요청하려고 전화드렸어요."

다급한 그녀의 목소리를 듣고 급한 일이라는 것을 짐작한 나는 텔레뱅킹의 이용방법에 대해 친절하게 안내해드렸고 무사히 일을 끝낼 수 있었다. 퇴근 후에 걸려온 전화였지만 내가 도와줄 수 있는 일이었기 때문에 기꺼이 도움을 줬다. 고마움을 느낀 그녀는 그날 이후 남편 공장의 직원을 새로 채용할 때마다 새로 채용된 직원과 함께 내가 일하는 농협까지 와서 급여 통장을 개설해주는 충성고객이 되었다.

나는 고객의 사소한 업무까지도 내가 처리할 수 있는 일이라면 직접 해결해 준다. 그리고 업무 처리를 하는 동안 고객과 많은 이야기를 나눈다. 날씨 이야기, 사업 이야기, 가족 이야기 등 대화를 많이 할수록 친밀감이 생기며 그들의 마음을 얻게 되니 업무 실적도 올랐다. 무언가를 바라는 마음으로 고객을 대하기보다 도움을 준다는 마음을 갖고 대할 때 단골고객이 더 많이 생기는 것이다.

내가 첫 발령으로 마트 업무를 보던 어느 날, 할머니 한 분이 머리핀을 사러 온 적이 있다. 머리핀은 판매하지 않았기에 없다고 하니 아쉬워하며 매장 문을 나갔다. 그런데 다음 날에 또 그 할머니가 와서 머리핀을 찾았다. 이상한 느낌이 들어서 할머니의 사정을 제일 잘 알고 있는 동네 이장님에게 할머니의 근황에 대해 물어봤다.

"이장님, OOO 할머니 있잖아요. 건강에 별일 없으시죠?"

"그 할머니 치매 초기 증상이야."

"아, 그런가요? 자녀분은 없으신가요?"

"자식도 없고 돌봐주는 사람도 없어."

알고 봤더니 할머니에게 치매 초기 증상이 와서 바로 어제 일어난 일도 기억을 하지 못하는 것이었다. 안쓰러운 마음에 퇴근 후 액세서리점에 가서 머리핀을 구입하여 할머니에게 드린 적이 있다. 비록 마트에서 일하는 직원이지만 고객에게 계산적인 마음으로 대하려고 하기보다는 그들과 소통하고 공감하려고 노력했다. 그러다 보니 변두리에 있는 작은 마트라 하더라도 매출 실적은 꽤 좋았다.

내가 일한 농협 마트는 변두리에 위치해 있었는데 연세가 많은 어르신들이 주 고객이었다. 지역 특성상 젊은 사람들이 많은 곳은 아니었다. 그때 어르신들은 주로 라면을 박스로 구입하거나 설탕, 밀가루 등 부피가 꽤 나가는 식품들을 구입했다. 연세가 많으신 탓에 식품을 구입하고서도 집까지 가져가는 것이 힘들어 보였다. 그런 모습을 보게 되니 마음이 편하지 않아서 집이 가까운 어르신들은 구입한 물건을 운반하는 리어카에 실어서 직접 배달을 해드렸다. 그 시절을 돌이켜서 생각해 보니 이십 대 초반의 아가씨가 리어카에 물건을 싣고 배달하는 모습이 참 재밌어 보였겠다는 생각이 든다.

나는 단지 물건을 판매하는 것뿐만 아니라 가족을 대하는 마음으로 그들에게 정성을 다했다. 계산적인 관계가 아닌 인간적인 관계를 맺어서 그들에게 다가가고 싶었던 마음이 컸던 것이다. 그래서 그들의 불편한 점을 먼저 알아내어 돕고 싶었고 내가 베풀 수 있는 최선의 서비스로 보답하고 싶었다. 고객에게 정성을 다하고 가족과 같은 마음으로 대하니 1년 동안 억대 매출에 가까운 실적을 올릴 수 있었다. 정성을 다해 고객에게 마음을 판다는 것은 거창하고 힘든 일이 아니다. 이득을 취하려는 마음이 아닌 그들을 위한다는 진심이 담긴 마음을 가지고 대하면 된다. 상품이 아닌 마음을 팔 때 매출 상승의 효과는 저절로 따라오게 된다는 것을 잊지 않도록 하자.

04
열정으로
고객을 대하라

어느 날 길을 가다가 작은 가게에 예쁜 옷이 디스플레이 되어 있어서 사이즈가 맞으면 구입해야 되겠다는 생각으로 가게 안으로 들어갔다. 점원으로 보이는 젊은 여성이 계산대에 서서 컴퓨터를 들여다보고 있었다. 내가 가게 안으로 들어가자 점원은 고개를 한번 들더니 눈길만 한번 줄 뿐 다시 컴퓨터에 집중했다. 그때부터 손님으로 들어간 가게에서 환영받지 못한다는 생각이 들어서 기분이 별로 좋지 않았다. 옷을 만지작거리며 옷에 관해 물어보려고 점원을 쳐다봤지만 그녀는 계속해서 컴퓨터에만 몰두할 뿐 나에게 관심을 가지지 않았다.

"이 옷 입어봐도 될까요?"

"네, 입어보세요."

고객이 옷에 대한 관심을 가졌지만 판매자가 적극적으로 판매하려고 하지 않았기 때문에 옷을 구입하고 싶은 마음이 들지 않아서 가게를 나왔다. 판매하려는 열정은커녕 고객에게 관심조차 없는 가게에서는 물건을 구입하고 싶은 마음이 없었다. 고객이 가게에 들어와서 어떤 생각을 하는지 그 누구도 알지 못한다. 매장 방문 시 직원에게 받는 첫인사로 이미지를 결정짓는 경우가 많고 물건을 판매하려는 열정을 갖고 고객을 대하는 것을 볼 때 신뢰를 가진다.

학창시절 새 학년을 맞이할 때를 생각해 보면 주로 친구를 사귀기 위해서 적극적이고 매사에 열정을 가진 친구가 인기가 많다. 반면 소심하게 한쪽 구석에서 존재감 없이 앉아 있는 친구에게는 누구도 쉽게 다가가서 말을 걸지 못한다. 이처럼 자신의 일에 열정을 가지고 고객을 대할 때 고객은 경계심을 풀고 점원에게 다가갈 수 있다는 것을 알아야 한다.

고객을 대하는 열정적인 말 한 마디가 별것 아닌 것 같지만 매출로 직결되느냐 그렇지 않느냐를 결정하는 중요한 요소가 될 수 있다. '열정적인 말 한 마디가 뭐 그렇게 큰 영향을 미칠까'라는 생각을 할 수도 있다. 그러나 고객의 입장이 되어 보면 사장이나 점원이 하는 한마디가 예민하게 받아들여질 것이다. 예를 들면, 가게에 옷을 사러 갔는데 색상이 한 가지만 나오는 옷이 있다고 가정하자.

"이 옷 색상이 한 가지인가요?"라고 물었을 때 점원이나 사장이 대답하는 유형은 둘로 나눠진다.

"네, 그 색상 한 가지입니다."

이 한마디로 질문에 대한 대답을 끝내는 점원이 있는 반면에 판매에 대한 열정을 가진 직원이라면 이렇게 대답할 것이다.

"네, 그 색상 한 가지이지만 이 옷과 매치해서 입으면 아주 예뻐요." 혹은 "네, 그 옷은 한 가지의 색상만 나옵니다. 고객님은 어떤 색상을 찾으시나요? 밝은 색상을 원하시면 이 옷도 디자인이 예뻐요"라고 말할 것이다.

두 가지 유형의 답을 보면 당신은 어떤 생각이 드는가? 옷의 색상은 한 가지이지만 여러 가지 대안을 제시하는 점원에게 옷을 사고 싶다는 생각이 들지 않는가? 점원이 하는 말 한 마디로 상품을 팔기 위한 열정에 대한 척도를 알 수 있는 것이다.

내가 농협에서 보험 업무 팀장을 맡게 되었을 때의 일이다. 보험 수익을 좌우하는 중요한 자리이기 때문에 보험 청약을 무조건 많이 해야 하는 업무였다. 첫 발령을 받고 추진을 많이 해야 한다는 부담감 때문에 며칠 밤을 지새우며 추진할 수 있는 방법을 고민했다. 그 당시 보험을 추진하는 것에 베테랑이 아니었기 때문에 내가 할 수 있는 방법은 농협 문밖을 나가서 무조건 사람을 많이 만나며 열정을 가지고 보험 추진을 해야겠다는 생각밖엔 없었다. 그래서 상품 전단지를 들고 나가서 농협 근처에 직원들이 식사하러 가는 식당이나 농협의 단골고객들의 가게를 대상으로 전단지를 나눠줬다. 며칠을 그렇게 하니 고객의 수는 한정되어 있기 때문에 거리를 다니면서 사람들에게 전단지를 나눠주는 것에 한계가 느껴졌다.

방법을 바꿔서 농사를 짓고 있는 농부들에게 전단지를 나눠줘야겠다는 생각으로 비닐하우스가 많은 지역으로 전단지를 들고 나갔다. 한여름이었는데 든든하게 배를 채우고 나가야 많이 돌아다닐 수 있을 것 같아서 점심을 먹고 난 오후 시간을 이용했다. 농사에 관해 알지 못했던 나는 그 시간대가 농부들이 더워서 집에서 쉬는 시간이라는 사실을 알지 못했다. 비닐하우스 안을 기웃거려 보고 주위를 다녀 보았지만 농부들은 보이지 않았다. 한참을 돌아다닌 후에야 한 농부를 만나게 되었다. 반가운 마음에 농협에서 나왔다는 말을 하고 상품 전단지를 나눠줬다. 상품에 대해서 열심히 설명했지만 농부의 반응이 시큰둥하여 필요하면 전화 달라는 말을 남기고 돌아왔다. 소득이 없었기에 더운 날에 괜히 나갔다는 생각이 들었다.

며칠 후 전단지를 받고 상품 설명을 들었던 그 농부가 아내와 같이 농협으로 나를 찾아왔다. 아내의 보험을 들고 싶다는 거였다. 그는 내가 열정적으로 일을 하는 모습에 신뢰감이 들어서 아내를 데리고 왔다는 것이다. 나의 노력이 결실을 맺는 순간이었다. 비록 아내가 예전에 앓았던 질병으로 인해서 보험 청약은 무산되었지만 노력은 사람을 배신하지 않는다는 것을 느낀 계기가 되었다. 시행착오는 겪었지만 열정을 가지고 일에 부딪혀 나가다 보니 자신감이 생겼다.

처음 보험 업무를 맡았을 때는 걱정이 앞섰다. 직원들에게 무엇이든 잘하는 모습을 보이고 싶었지만 실적이 뒤떨어지면 '무능한 직원으로 기억되지 않을까?' 하는 두려움이 들었기 때문이다. 내게 주어진 일은 잘한다는 소리를 듣고 싶고 어떻게든 성공시키고 싶었다. 업무로 인하여 정신적으로나 육체적으로 힘들어도 최고로 해내고 싶은 마음이 컸다. 그래서 나에게는 부담으로 다가온 보험 팀장 업무였지만 무작정 거리에서 전단지를 나눠 주면서라도 고객을 많이 유치하고 싶었던 것이다.

열정이 있는 사람의 눈에는 빛이 나고 목소리에는 힘이 들어간다. 직원이 열정으로 고객을 대하는지 혹은 대충 월급을 받거나 매출만 올리려고 일하는지를 고객들은 다 느낀다. 물건을 사도 그만이고 안 사도 그만이라는 태도로 일하는 직원보다는 열정적으로 고객을 대하는 사람에게 물건을 사고 싶은 것이 고객들의 마음이다.

열정을 가지고 고객을 대하면 일하는 자세부터 달라지며 매사에 적극성을 띠기 때문에 매출상승에 많은 영향을 미친다. 그래서 그 열정이 중요한 것이다. 어떤가? 당신도 지금부터 열정을 가지고 일할 마음이 생기지 않는가?

05

고객에게
가치를 팔아라

사람들이 커피숍에 갈 때는 단순히 음료를 마시기 위해 가는 것만은 아니다. 친구들과 만남의 장소로 이용할 수도 있고, 사업 파트너와의 미팅 장소로 커피숍을 찾을 수도 있다. 그곳을 찾는 이유는 수도 없이 많다. 우리가 계산하는 음료 값에는 이런 공간에서 누리는 문화적인 혜택도 포함되어 있다. 커피숍의 가치라고 하면 단순히 목을 축이기 위한 음료를 파는 것이 아니라 고객들이 서로 소통할 수 있는 공간을 제공하는 것이다.

스타벅스 회장 하워드 슐츠는 "스타벅스는 커피 그 이상의 것을 제공한다"고 했다. 맛과 서비스 그리고 분위기를 제공한다는 것이다. 실제로 커피숍의 소파에 앉아서 잔잔히 흘러나오는 음악을 들으며 차 한잔을 앞에 두고 혼자 생각에 잠기면 편안한 마음이 든다. 근심 걱정을 잠시라도 잊는 기분이 든다. 나도 혼자 있고 싶을 때에는 주로 커피숍을 찾는다. 커피를 마시러 혹은 차를 마시러 그곳을 찾는 것이 아니라 공간에서 누릴 수 있는 분위기를 느끼러 가는 것이다.

커피숍을 운영한다고 해서 커피만 팔아야 한다는 생각보다 고객들에게 편안한 휴식의 장소를 제공하고 소통 장소를 만들어 준다는 생각을 해보자. 음료 한 잔을 판매하는 것에도 가치가 숨어 있다는 것을 알면 고객을 위해서 어떤 서비스를 제공할 것인지가 먼저 떠오를 것이다.

고객에게 무언가를 판매할 때 그 상품만을 판매하려는 목적으로 권유한다면 큰 성과를 올리기 어렵다. 화장품을 판매한다고 가정해 보자. 평소에 아이크림을 바르지 않는 고객에게 좋은 크림이니까 무조건 구매만을 강조한다면 살 가능성은 희박하다. 그렇지만 아이크림을 바르게 되면 피부가 변화되는 과정과 얻을 수 있는 혜택에 대해 설명한다면 구매로 이어질 확률은 훨씬 높아진다. 립스틱을 판매한다고 했을 때 신상품으로 나온 색상이니까 구매하라는 말로 고객에게 접근한다면 과연 몇 명에게 판매할 수 있을까? 하지만 이 색상의 립스틱을 바름으로 인해서 고객의 얼굴이 환해 보이는 효과를 설명한다고 가정해 보자. 또한 건조한 입술을 보완시켜 줄 립 케어 성분이 들어가 있어서 환절기에 바르기 더없이 좋은 립스틱이라는 것을 알려준다면 고객의 지갑이 열릴 가능성이 높아진다. 물건이 가진 가치를 알려준다면 판매하기가 훨씬 수월하다는 이야기다.

아파트 광고를 할 때에도 그곳에서 살게 되면 얻을 수 있는 가치에 대해 전달하는 광고를 볼 수 있다. 집이라는 공간보다는 그곳에 살면서 얻을 수 있는 혜택 말이다. 예를 들어, 어린이 놀이시설이나 헬스장 같은 그 아파트에서만 누릴 수 있는 혜택을 광고하면서 다른 곳과 차별되는 점을 부각시킨다. 차 없는 거리라고 해서 아파트 단지 내부에는 자동차가 아예 다닐 수 없도록 만들어 놓은 곳도 많다. 이런 광고 역시 자동차 사고 없이 안전하게 지나다닐 수 있다는 가치를 전달하는 것이다.

아파트가 튼튼하게 지어졌으니 무턱대고 사라고 해서 사겠다고 하는 사람은 없다. 유명한 이름을 가진 아파트들은 이름 자체가 가지는 가치 때문에 그곳에서 사는 것만으로도 스스로가 삶의 질이 높다는 인식을 할 수 있다. 여러 가지 문화적인 혜택을 누릴 수 있기 때문에 다른 곳에서 사는 것과는 다른 삶을 살 수도 있다는 생각이 든다. 팔고자 히는 상품의 가치를 제대로 전달한다면 없어서 못 팔게 되는 상황이 될 것이다. 이처럼 물건의 속성이나 가치를 알린다는 것이 정말 중요한 것이다.

나는 얼마 전 지인에게 선물할 일이 있어서 떡을 사러 갔다. 망개잎으로 싸서 만든 떡인데 쫄깃하고 맛이 좋다. 몇 해 전까지만 해도 떡 속에 팥을 넣은 것만 판매하더니 언제부터인지 견과류를 넣은 떡도 판매를 하는 것이었다. 팥도 건강에 좋은 음식이지만 견과를 넣은 떡은 흔하게 볼 수 없다. 고객의 건강을 위해서 만들었다는 생각이 들었고 지인에게 선물하기 위해 7박스를 구입했다. 떡을 가지고 장시간 차를 타야 되는 상황이었는데 사장님께 말하니 아이스박스에 얼음 팩을 넣어서 신선하게 가지고 갈 수 있도록 포장을 해 주었다. 떡을 판매하는 것에만 그치는 것이 아니라 고객이 신선하게 먹을 수 있도록 배려해 준 것 역시 고객에게 가치를 판매한 것이다. 음식을 잘 먹든지 혹은 그렇지 않든지 신경을 쓰지 않는 것이 아니라 판매는 완료되었지만 안전하게 가지고 갈 수 있고 맛있게 먹을 수 있도록 배려해 주는 것이 장사의 가치를 실현하는 진정한 서비스이다.

서비스 과잉 시대라고 할 만큼 친절한 서비스가 보편적인 시대가 되었다. 이런 상황에서 다른 가게와 차별되는 점을 고객에게 어떻게 전달할 것인지 고민해 봐야 한다. 돈을 벌겠다는 목적으로 고객을 대한다면 진정한 서비스를 실천할 수 없다. 단지 매출 올리는 것이 목적이라면 떡집처럼 아이스박스에 포장해주는 서비스는 포장비가 단가에 영향을 미치게 되니 포장비용을 따로 받을 것이다.

물건 값에 포장비용을 더해서 구입한다는 것은 때에 따라서는 필요한 것이지만 고객의 입장에서는 불필요한 지출을 한다는 생각이 든다. 판매자 입장에서 포장비용의 단가가 매출에 영향을 끼칠 만큼 큰 비용이 드는 것이 아니다. 그러나 고객에게 신선한 떡을 제공하겠다는 가치를 실현하기 위해서 포장을 해준다면 훨씬 더 많은 고객이 알아서 찾아오는 가게가 될 것이다.

내가 일하는 농협에서 몇 해 전 사은품으로 도장집을 나눠줬을 때가 있었다. 업무를 본 후 도장집을 포장된 상태로 나눠드릴 수도 있지만 나는 고객의 도장을 도장집에 직접 넣어서 내어 드렸다. 그냥 드리는 것보다 고객의 도장을 소중하게 여긴다는 의미에서 손수 넣어서 드린 것이다. 호응도가 좋았고 그것을 받아든 고객은 흡족해했다. 이것 역시 가치를 전달하는 것이다. 단순히 사은품이라서 도장집을 드리는 것이 아니라 '고객이 거래해 주는 것에 감사드리며 도장 역시 소중한 의미'라는 뜻에서 고이 넣어서 드린 것이다. 작은 것에도 의미를 부여해서 고객을 소중히 여기는 작은 행동 하나가 단골고객을 많이 만드는 길이다. 상품을 판매한다는 것보다 가치를 판다고 생각하며 고객을 대하도록 해보자.

06
고객의 불만을
즉각 해결하라

친구들과 시내의 호프집에 맥주를 한잔 하러 간 적이 있다. 새로 생긴 가게였는데 호기심에 그 가게로 들어갔다. 맥주와 안주를 주문해서 한참 먹고 있을 때였다. 가게 사장님은 우리에게 다가와서 안주 맛이 어떤지 평가를 해 달라고 했다. 개업한 지 얼마 되지 않았기 때문에 자신의 가게에서 받는 이미지와 음식에 대한 평가를 고객들에게 듣고 싶다는 거였다.

지하 1층에 위치하고 있는데 내려가는 계단의 조명이 어두워서 조금 위험하다는 생각이 들었다. 그리고 '한 마리 치킨'이라는 메뉴의 안주가 있는데 친구들 4명에서 먹기에 적당할 것 같아서 주문했지만 한 마리라 하기에는 양이 너무 적었다. 오히려 안주의 양보다는 안주를 담는 접시의 장식을 예쁘게 하는 것에 신경을 더 쓴 것 같아 보였다. 사장님이 원하는 대로 친구들과 나는 가게를 방문해서 느낀 점을 모두 말해 주었다.

"가게 입구의 조명이 어두워서 잘 넘어질 수 있겠어요."

"호프집의 이미지에 맞는 조명을 고르다 보니 어두운 조명이 되었네요. 고객이 가게에 들어오다가 다치는 일이 발생하면 안 되니 좀 더 밝은 조명으로 바꾸어야겠네요."

"저희는 '한 마리 치킨'이라고 해서 닭 한 마리 정도의 양은 되는 줄 알았는데 생각보다 양이 너무 적어요."

"그러시군요. 저희 가게는 여성 고객을 겨냥해서 양보다는 질로 승부해야 되겠다는 생각으로 예쁜 접시에 담아드리는 것에만 신경 썼네요. 참고하겠습니다."

그는 우리가 말하는 것을 수첩에 열심히 받아 적고서는 고맙다는 말을 했다. 나름대로 장사 철학이 있겠지만 그의 요구대로 우리가 느끼는 가게에 대한 아쉬운 점을 속 시원하게 말했다. 나는 사장님이 가게를 성공시키기 위해서 노력을 한다는 것이 느껴졌다. 그러고 나서 몇 달 후 친구들과 나는 첫 이미지가 좋았던 그 호프집을 다시 찾았다. 사장님이 우리에게 물어봐서 말해주었던 가게에 대한 의견을 사장님은 모두 개선한 상태였다. 우선 가게에 들어서는 입구는 적당히 환한 조명으로 바뀌었다. 그리고 안주의 양을 푸짐하게 내어 주었다. 고객의 말을 허투루 흘려듣지 않는다는 생각에 호프집 사장님에 대한 신뢰가 생겼다.

고객이 하는 말을 모두 반영할 필요는 없고 그래서도 안 된다. 장사 철학 없이 고객이 하는 말에 휘둘리지 않아야 한다. 다만 고객의 안전과 매출에 직결되는 일이라면 신중히 고려하여 고객의 요구를 반영하는 유연한 자세를 가져야 한다. 호프집 사장님처럼 고객의 의견은 듣지 않고 자신의 가게에 대한 자부심으로 고객이 불편한 사항이나 고객의 요구 사항을 그냥 흘려들어도 된다. 그렇게 되면 지금 당장은 가게 개선을 위해 노력하는 자와 안 하는 자의 큰 차이는 없겠지만 시간이 지날수록 격차는 벌어지게 되어 있다.

고객은 제3자의 입장에서 가게를 평가하는 것이기에 개선해야 할 사항이나 문제점이 더 잘 보인다. 그런데 사장이라는 자존심을 내세워서 개선하려고 하지 않는다면 그에 대한 결과는 오롯이 사장의 몫이 될 것이다.

고객이 가게에 대한 불만을 사장이나 점원에게 말한다면 그것은 계속해서 그 가게를 찾고 싶다는 의미다. 부모가 자식에게 잔소리를 하는 것은 더 잘되었으면 하는 바람에 애정이 있는 마음에서 하는 것과 같은 이치다. 마찬가지로 고객이 불만을 토로하는 것도 가게를 계속 이용하고 싶은 마음이 충분히 있기 때문에 불만을 이야기하는 것이다. 이 불만 사항이 해결되면 오히려 충성고객이 될 가능성이 높다. 만약 불만이 있어도 말하지 않고 그냥 나가버린다면 두 번 다시 그 고객을 보기 어려울지도 모른다. 가게를 찾지 않으면 그만이라는 생각이 있는 것이다. 그러니까 불만을 말해주는 고객에게 오히려 고마워해야 하는 것이다.

은행에서 일할 때 일어난 일이다. 고객이 예적금에 가입하거나 거래를 하면 직원은 감사한 마음의 표시로 작은 사은품을 챙겨 드린다. 사은품을 챙겨 드린다고는 하지만 고객의 입장에서는 한 가지라도 더 받고 싶은 마음이 있는 것 같다. 사은품을 받아가는 고객 중에는 사은품 내용물이 빈약하다며 그에 대한 불만을 제기하는 사람이 있는데 주로 두 가지 유형으로 반응이 나눠진다. 받은 사은품을 고맙다며 말없이 업무를 종료하고 영업점을 나가는 경우가 있다. 이런 경우는 특히 조심해야 한다. 왜냐하면 사은품을 많이 주든 적게 주든 말없이 나가 버리는 경우는 고객이 속으로 어떤 생각을 하고 있는지 모르기 때문에 직원은 그에 따른 어떠한 대처를 할 수 없다. 싫든 좋든 어떤 반응을 보인다면 그에 따른 적절한 대응을 할 수가 있는데 불만이 있어도 말없이 나가는 고객은 언제든지 떠날 준비가 되어 있는 유형이다.

반면에 사은품이 너무 작다며 인심이 야박하다는 불평불만을 하는 고객이 있다. 직원은 기분 나빠 하거나 화를 낼 것이 아니라 이런 고객에게 고마워해야 한다. 불평불만을 이야기한다는 것은 다음에 다시 이곳에서 거래를 하고 싶으니 개선해 달라는 뜻이 담겨 있기 때문이다. 그렇기 때문에 우리는 불만을 토로하는 고객에게 '우리 가게의 개선해야 되는 점을 알려주셔서 감사합니다'라는 마음을 가져야 하는 것이다.

고객이 불만을 이야기하는데도 고쳐지지 않는다면 어떻게 될까? 처음 한두 번은 고객 입장에서 지켜볼 것이다. 그런데도 자신의 불만사항이 개선되지 않는다면 고객은 결국 떠난다는 것을 알아야 한다. 불만사항을 반영하지 않는 가게에서 굳이 물건을 팔아줄 이유가 없는 것이다. 그들이 불만을 이야기하는 즉시 그 의견을 받아들여 고치려는 노력을 해야 충성고객으로 만들 수가 있다.

고객 한 명이 불만을 이야기한다는 것은 비단 그 한 명만의 불만은 아닐 것이다. 한 명이든 여러 명이든 고객이라는 입장은 같기 때문에 가게에 대한 어떤 불만이 생기면 고객 모두에게 해당되는 경우라고 생각을 해야 한다. 내가 생각하는 것은 남들도 비슷한 생각을 하고 있는 경우가 대부분이기 때문이다. 그들의 불만이 한 명으로 끝나는 것이 아니라 모두의 생각이라는 점을 알고 반영하여 즉각 해결하도록 하자.

07

깨진 유리창의 법칙을
기억하라

농협 창구에서 일하고 있던 어느 날, 잘 아는 중년 여성의 고객이 내 앞에서 거래를 하게 되었다. 안부 인사를 묻자 고객은 상기된 목소리로 불만을 토로했다. 마트 계산원인 여직원이 자신에게 불친절하고 무례하게 대했다는 것이다. 고객을 진정시키고 이야기를 들어보았다. 계산대에 줄을 섰고 그녀의 차례가 왔음에도 바쁜 업무 처리로 인해 인사말은 못했을지언정 눈인사조차 하지 않았다고 한다. 더군다나 무표정한 얼굴로 그녀의 물건을 계산하는 것에서부터 화가나 있었다. 그녀가 찾고 있는 물건의 위치를 물어보자 눈 마주침도 없이 건성으로 대답하는 것에서 화난 감정은 극에 달했다고 한다.

계산원의 불친절한 태도에 화가 났고 급기야는 마트가 소속된 농협까지 와서 이야기를 하게 된 것이다. 내가 속해 있는 직장이니 죄송하다며 거듭 사과 말씀을 드리고 좋게 마무리가 되었다. 큰 조직일수록 유연하게 대처하는 것이 어렵다. 직원의 업무 배치를 바꾸는 것을 문서화해야 하고 인수인계 절차도 거쳐야 하기 때문에 문제가 생겼다고 해서 즉시 업무를 바꾸는 것이 쉽지 않은 일이다.

문제는 그다음 날에 또 발생했다. 같은 고객이 똑같은 불만을 제기했고 급기야는 책임자를 만나야 되겠다는 이야기가 나오는 상황까지 되었다. 중간 책임자가 나서서 고객의 불만을 해결했고 문제의 불친절한 직원은 다른 업무로 배정을 받게 되었다. 이 일로 인해 감정이 상한 고객이 문제 제기를 했던 그 여성만은 아닐 것이다. 고객의 입장은 같은 상황이기 때문에 한 사람의 생각이 모든 고객에 해당되는 일이라고 봐야 한다. 게다가 경쟁 마트가 서너 군데 되기 때문에 고객을 유치하는 것에 혈안이 되어 있는 상황이었다. 그런데 문제가 발생하니 치명타가 아닐 수 없었다. 고객은 언제든지 떠날 준비가 되어 있는 존재다. 저렴한 가격을 내세우고 할인 전쟁을 치르는 마트가 서너 군데 있는데 고객은 자신에게 더 친절하고 서비스가 좋은 곳을 찾을 것이다. 제일 기본적인 인사 하나 때문에 다시는 돌아오지 않는 단골고객을 놓치는 상황이 될 수도 있다는 말이다. 문제가 발생하는 즉시 그것을 해결해야 똑같은 일로 고객이 떠나는 일이 발생하지 않는다.

문제 제기를 했음에도 불구하고 해결이 되지 않는다면 어느 순간 고객은 조용히 떠난다. 당신의 가게를 더 이상 이용하는 일은 없을 것이다. 아주 작은 실수 하나가 전체를 망가뜨린다는 깨진 유리창의 법칙이라는 것이 있다. 이것은 사소한 실수가 전체의 실수로 비춰지는 것은 물론이고 전체의 이미지로 굳어지게 된다는 말이다. 더 나아가 고객은 가게에서 발생한 작은 실수 하나만으로도, 단골이라 하더라도 더 이상 그 가게를 이용하지 않는 존재가 된다는 것이다. 그렇기 때문에 그 작은 실수가 고쳐지지 않는 것을 조심해야 한다.

실수는 말 그대로 실수이기 때문에 조심한다고 해서 발생하지 않는다는 법은 없다. 실수를 하게 되더라도 이전의 가게 이미지로 되돌리는 방법은 없는 것일까? 사람은 누구나 실수를 하고 그 속에서 배우는 부분도 많다. 고치려는 생각 없이 계속해서 잘못된 가게 운영을 한다면 깨진 유리창의 법칙으로 인해 서서히 고객이 줄어들게 될 것이다.

실수를 인정하고 즉시 바로잡는다면 상황은 달라진다. 고객은 자신의 의견을 존중한다는 생각이 들어 오히려 충성고객으로 이어질 가능성이 높다. 그렇지만 가게를 운영하는 사장인 내가 최고라는 생각으로 한 사람의 사소한 의견은 무시한 채 방만한 경영을 한다면 그 누구도 자신의 가게에 좋은 이미지를 갖기는 어렵다. 사소한 불만사항이 점점 커져서 돌이킬 수 없는 상황으로 변할 수 있다. 고객은 가족이 아니다. 가족처럼 실수해도 받아주고 감싸주는 존재가 아니란 말이다. 그들의 평가는 냉정하고 두 번의 기회는 오지 않는다.

내가 11년 전 첫 업무로 마트 업무를 볼 때의 일이다. 마트에서 물건을 사면 구매한 금액의 1%를 포인트로 적립한다. 그 포인트가 돈으로 환산되어 마트 물건을 구입할 수 있는 제도다. 작은 매장이기 때문에 나는 자주 이용하는 고객의 얼굴은 다 기억했다. 단골고객인 경우는 그들의 포인트 번호까지 기억하여 물건을 구입하면 포인트 번호를 묻지 않고 외우고 있던 번호로 올렸다. 일일이 말하기가 귀찮겠다는 고객의 입장에서 생각하여 나만의 서비스 방식을 제공한 것이다.

어느 날 단골고객 한 명이 물건을 사가며 "포인트 제대로 올리고 있지?"라며 의심쩍은 표정으로 말씀하시는 거였다. 그렇다고 대답했지만 마음이 개운하지가 않았다. 서비스 차원에서 번호를 일일이 묻지 않았지만 고객의 입장에서는 의심이 들 수도 있겠다는 생각이 들었다. 그래서 '다른 고객들도 똑같이 느끼지 않을까?'라는 생각이 들었고 그 이후로는 "000번으로 포인트 올렸습니다. 안녕히 가세요"라고 꼭 말씀을 드렸다. 그렇게 하는 것이 서로의 마음이 개운한 방법이라고 생각되었기 때문이다.

돌이켜 생각하니 나에게 문제 제기를 했던 그 고객이 고맙게 느껴졌다. 다른 사람들도 그와 같은 생각을 하고 있지만 정작 나에게 말을 하지 않았을 수도 있으니까 말이다. 의심의 마음이 들면 소심한 고객인 경우 불만사항을 말하지 못하고 다른 가게를 이용해 버릴 수도 있다. 그러나 나의 입장에서만 생각한 서비스 방식을 고칠 수 있는 계기를 만들어 준 그 고객에게 오히려 감사한 마음이 들었다.

고객이라고 모두 불만을 이야기하고 문제 제기를 할 수 있다는 건 아니다. 사람에 따라서 다르다. 성향과 성격이 다르기 때문에 자신이 받은 불합리한 일에 대해 큰소리 칠 수 있는 고객이 있는 반면에 조용히 지켜만 보고 있는 고객도 있다는 것을 알아야 한다. 문제에 대한 제기를 해주는 고객은 오히려 우리가 그 문제를 인식하고 고칠 수 있는 계기가 된다. 그렇지 않고 지켜만 본다면 그는 우리가 문제를 인식조차 하지 못하는 사이에 떠날 것이다. 아무리 사소한 문제라도 즉각 고쳐나갈 때 단골고객을 계속해서 유치할 수 있다.

작은 식당에 식사를 하러 간 적이 있다. 문을 열고 들어서자마자 쾌쾌한 냄새가 났고 식사하는 내내 냄새가 거슬렸다. 음식 값을 지불하고 나오면서 사장님에게 말했다.

"식당에서 쾌쾌한 냄새가 나네요?"

"그런가요?"

사장님은 대답만 할 뿐 특별히 신경 쓰는 것 같지 않았다. 또다시 그곳에 방문을 하게 되었을 때도 같은 냄새가 났고 오히려 '내가 예민하게 반응하는 건 아닐까?'라는 생각이 들어서 같이 있던 친구에게 물어보았더니 나와 같은 반응이었다. 처음 방문했을 때 불만을 제기했음에도 불구하고 개선되지 않은 점을 보니 고객의 불만사항에는 신경조차 쓰지 않는다는 생각이 들었다. 다시 방문하더라도 같은 상황이 될 것이기 때문에 그 식당에 가는 것이 꺼려졌다.

고객이 문제를 제기한다고 해서 진상 고객이거나 까다로운 고객이라는 생각을 버리고 오히려 가게의 문제가 더 커지기 전에 고치고 발전할 수 있는 계기를 만들어 주는 고마운 사람이라는 생각을 해야 한다. 내가 방문했던 식당처럼 고객이 불만사항을 제기했음에도 고치려는 생각조차 하지 않는다면 대박 나는 가게를 만들어 가는 것을 포기한 것이나 다름없다. 잘되는 가게는 고객의 작은 의견 하나까지도 소중히 여기고 반영하며 억대 매출을 올리는 것에 일조한다. 고객의 사소한 불만사항을 무시한 채 억대 매출을 올리고 있는 가게는 없다.

사장이나 종업원이 저지른 사소한 실수를 고치지 않아서 문제를 더 키우는 일이 생기게 되면 단골고객을 놓칠 수도 있다는 생각을 하자. 깨진 유리창의 법칙을 기억하며 작은 문제가 더 큰 문제로 제기되기 전에 즉시 해결하여 단골고객을 늘려가는 대박 나는 가게를 만들어 보자.

08

아낌없이 주는
가게가 돼라

식당에 밥을 먹으러 갔을 때 반찬이 부족하여 조금 더 달라고 했던 경험이 있을 것이다. '처음부터 넉넉하게 음식을 제공하면 좋았을 텐데 음식을 너무 아끼는 것이 아닌가?'라는 생각이 든다. 가게 입장에서는 음식을 먹다가 남기면 버려야 하기 때문에 환경오염을 만든다는 생각과 매출 단가를 높인다는 의미에서 적당하게 음식을 제공할 것이다. 그렇지만 고객 입장에서는 직원이 바쁘게 서빙하고 있는 상황에서 반찬이 부족해서 더 달라고 하면 괜히 미안한 마음이 든다. 고객에게 넉넉한 인심으로 베풀지 않는 가게에는 가고 싶지 않은 것이 고객들의 마음일 것이다. 반면에 매출에 손해를 보지 않는 선에서 베푼다면 사장님의 넉넉한 인심 때문에 고객의 발길이 더 잦아질 수 있다.

　친정 동네의 시장 입구에 20년째 한곳에서 장사를 하는 과일 가게가 있다. 집에서 가까운 곳이라서 우리 가족은 과일을 살 때면 그곳을 이용한다. 내가 임신하고 어느 날 과일이 먹고 싶어서 그곳에 과일을 사러 갔다. 임신한 내 모습을 본 사장님은 많이 먹어야 한다며 과일 한 봉지를 더 담아 주셨다. 그 당시 가뭄이 심해서 과일값이 비쌀 때였다. 사장님 입장에서는 내게 준 과일을 다른 고객에게 판매한다면 매출을 올릴 수 있는 상황이었지만 임신한 나를 위해 서비스로 주신 것이다.

　그날 이후 그 과일 가게 사장님의 가게에 매출을 올려주기 위해서 일부러 친정 동네까지 가서 과일을 산다. '넉넉한 인심으로 장사를 하니 그렇게 오랫동안 한곳에서 장사를 할 수 있구나'라는 생각이 들었다. 가게를 운영하는 사람이라면 아낌없이 주어야 고객들이 저절로 찾아오는 가게를 만들 수 있다. 경비를 절감하기 위해 고객에게 제공하는 것을 아낀다면 고객도 야박한 마음을 느끼기 때문에 잘되는 가게가 될 수 없다. 그러니 고객에게 아끼지 말고 베풀어 주자. 그렇게 한다면 자연스럽게 입소문이 나서 가게가 번창할 수 있는 원동력이 될 것이다.

　나는 얼마 전 시내에 있는 한 스시 가게에 외식을 하러 갔다. 회전식 스시 가게였는데 한참 먹다가 옆자리 고객이 새우튀김을 주문해서 먹는 것을 보았다. 먹음직스럽게 보여 주문하려던 찰나 사장님은 새우튀김 한 조각을 서비스로 나에게 주는 것이었다. 음식을 먹는 내내 계속해서 맛보기용으로 서비스를 제공해 주었다. 맛있으면 주문하라는 뜻이 담겨 있겠지만 맛보기용 서비스라고 하기에는 고급 재료로 만든 음식과 제법 많은 양의 음식이었기 때문에 감동받았다. 그런 서비스를 받고 다른 스시 가게와는 차별되는 점이 있다는 생각이 들었다. 스시에 사용되는 재료는 저렴하지 않은 가격대인데도 각 테이블마다 흔쾌히 서비스를 제공하고 있는 점 때문이다.

사실 맛보기용 음식을 조금 내어주어도 매출에 큰 타격을 입지는 않을 것이다. 그런데도 일반적인 음식점에 가보면 고객이 주문한 음식의 재료를 아끼는 가게가 많다. 고객에게 제공하는 반찬의 가짓수와 양을 아끼는 가게를 많이 본다. 푸짐하게 베풀어 주더라도 큰 손해를 입지는 않을 것이다. 베푼다고 해서 타격을 받아 가게 문을 닫는 일은 없을 것이란 말이다. 잘살기 위해서는 한 푼 두 푼 모아서 저축을 하고 아껴야 한다. 그러나 가게를 운영한다는 것은 잘살기 위해서 아끼는 것과는 다른 문제이다. 가게를 운영한다면 고객에게 베풀어야 더 많은 고객이 찾아오고 가게의 매출이 오른다는 것을 알아야 한다.

직장인들에게 점심시간이란 오후 일을 다시 힘차게 할 수 있는 재충전의 시간이기도 하다. 그러기 위해서 점심을 든든하게 먹어야 되기 때문에 맛있고 푸짐한 음식점을 찾는다. 나 역시도 집밥처럼 제공하는 식당을 찾곤 하는데 푸짐하게 한상 차림으로 내어주는 식당이 있어 종종 식사를 하곤 했었다. 그곳은 김을 손수 굽고 모든 반찬을 접시 한가득 담아서 제공했다. 찌개도 집에서 끓이듯 신선한 재료를 듬뿍 넣어서 언제나 배불리 먹을 수 있는 그런 식당이었다. 그래서 자주 그곳을 찾곤 했었다. 그런데 어느 날 그곳으로 길이 새로 나면서 식당은 조금 떨어진 곳에 다시 개업을 하게 되었다. 나는 집밥 같은 음식을 기대하고 그곳을 찾았지만 예전처럼 음식이 나오지 않았다. 집밥처럼 음식을 제공하지 않는 사장님의 속사정은 알지 못하지만 그 식당으로 들어가는 손님은 많지 않아 보였다. '넉넉한 인심으로 돌아간다면 다시 예전과 같은 명성을 찾을 수 있지 않을까'라는 쓸쓸한 생각이 들었다.

고객에게 아낌없이 음식을 베풀어서 대박 나는 식당이 있다. 10명의 가족이 저녁을 먹으러 차를 타고 30분 정도 걸리는 지역에 있는 월남쌈 전문식당을 방문한 적이 있다. 평소에 채소를 많이 먹지 못한다는 생각에 일부러 채소를 많이 먹을 수 있는 그곳으로 식사를 하러 갔다. 사장님이 음식 주문을 받으러 왔다.

"어떤 음식으로 드릴까요?"

"월남쌈으로 10인분 주세요."

"네, 10인분 준비해 드리겠습니다. 이 동네 주민이신가요?"

"아니요. OO에서 왔어요."

"멀리서 일부러 오셨군요. 특별히 더 신경 써 드리겠습니다."

버섯을 좋아한다고 하자 당시 버섯이 비쌀 때였음에도 불구하고 흔하게 구할 수 없는 버섯을 듬뿍 담아 주시는 거였다. 사장님의 서비스에 감동한 우리 가족은 외식할 일이 있을 때면 그곳에 가서 종종 식사를 하게 되었다.

아낌없이 주는 가게가 되면 손해일 것 같지만 오히려 단골고객이 늘어서 매출이 더 오른다. 그런 점으로 봤을 때 고객에게 제공하는 것을 무조건 아끼지 말고 서비스 차원에서 인심 좋게 대접하면 어느덧 대박 나는 가게로 명성을 날릴 수 있지 않을까? 그러니 아낌없이 주는 가게가 되도록 하자.

Chapter 4

대박 나는
작은 가게로
1년 안에 벤츠 타는
8가지 비결

장사 고수의 비법 노트

1. 나만의 '감'과 '특색'을 표출하라.

2. 작은 목표를 하나씩 이루는 성취감을 먼저 쌓아라.

3. 벤치마킹하되 내 것을 더하라.

4. 한 명의 고객을 백 명처럼 상대하라.

5. 자신이 없으면 시작하지 마라. 자신감을 먼저 키워라.

01

성공한 가게를
벤치마킹하라

벤치마킹의 사전적 의미는 경쟁 업체의 경영방식을 면밀히 분석하여 경쟁 업체를 따라잡는다는 뜻이다. 잘되는 가게의 성공 요인을 적절하게 자신만의 방식으로 바꾸어 따라한다면 경쟁 업체보다 우위에 설 수 있다. 한국 상권과 비슷한 점이 많은 일본으로 벤치마킹 투어를 떠나는 프로그램이 있을 정도로 작은 가게를 운영하는 것에 있어서 벤치마킹을 하는 것은 필수 조건이다. 그렇지만 상권과 타깃 고객 등을 무시한 채 무조건 따라하는 경영방식이라면 실패할 확률이 크다. 잘되는 요인을 파악하지 않은 채 무작정 따라만 한다면 도박을 하는 것이나 마찬가지다.

저가화장품이 처음 생겨나자 후발주자들이 식물성 화장품이나 친환경 화장품의 콘셉트를 내세워 벤치마킹으로 우위를 점한 것처럼 벤치마킹을 하더라도 진화시켜서 해야 한다. 한 줄에 천 원 하는 김밥집이 여기저기 생겨나자 김밥 속에 돈가스나 새우튀김을 넣어 메뉴를 달리하여 성공시킨 사례처럼 말이다.

매년 봄이 되면 내가 일하는 농협에서 보험 이벤트를 했다. 두 가지의 상품을 정해서 직원들이 그 상품을 고객에게 권유하고 가입시켜야 하는 이벤트였다. 연금 상품 이벤트를 할 때가 있었는데 최고의 실적을 올린 3명의 직원에게는 상품을 제공했다. 상품도 상품이지만 일욕심이 많은 나는 그 상품을 받을 수 있는 등수에 들어서 일도 잘하고 업무 추진도 잘하는 직원이라는 칭찬이 듣고 싶었다.

잘하고 싶은 마음은 앞섰지만 막상 보험 이벤트를 시작한 지 3일이 지나도록 1건의 청약 건수도 올리지 못했다. 마음이 다급해졌고 무엇보다 자존심이 상했다. 나란히 앉아서 일하는 여직원이 4명 있었는데 그들은 최소한 하루 1건씩 실적을 올리고 있었기 때문이다. 그때까지만 해도 나는 고객에게 어떤 방식으로 첫마디를 꺼내서 상품 설명을 해야 하는지 감이 잡히지 않았다. 아무리 궁리해도 고객과 대면하는 몇 분 남짓한 시간 동안 단숨에 그들을 사로잡을 수 있는 화법이 생각나지 않았다. 이벤트 종료 기간은 점점 다가오지만 나의 능력만으로는 가입 성사가 잘 되지 않아서 다른 사람의 마케팅 기법을 배워야겠다고 생각했다.

서울에 있는 농협 직원 중 보험 판매 1위의 업적을 달성한 직원에게 메일을 보냈다. 나의 사정을 이야기하고 연금을 판매할 수 있는 기법을 알려달라고 부탁하는 메일이었다. 다행히 그 직원은 친절하게 나의 메일에 답변을 해 주었다. 당시 연금이율이 좋았을 때라 연금이율과 저축이율을 비교하는 자료를 출력하고 파일에 보기 좋게 끼워서 고객이 판단하고 가입할 수 있도록 권하라는 회신이 왔다. 나는 그 방법에 나만의 홍보방법을 더해서 상품의 장단점이 있는 홍보물을 파일 뒤편에 같이 끼워 넣어 고객이 잘 볼 수 있도록 했다. 고객과 홍보물을 같이 보면서 상품의 장점과 단점, 여러 가지 설명을 곁들였다. 그 방법을 사용한 첫날부터 나는 5건의 청약건수를 올렸고 그날 이후로는 하루에 몇 건씩 올렸는지 마감할 때 세어 봐야 할 정도로 많은 건수의 청약을 성공시켰다.

나의 마케팅 기법을 옆자리 직원들이 따라했고 그들 또한 많은 실적을 올렸다. 파일을 보며 설명하는 기법을 선보이며 실적이 오르자 덩달아 자신감이 상승했고 그들보다 많은 실적을 올릴 수 있었다. 이벤트가 종료되었을 때는 마케팅 기법을 벤치마킹한 덕분에 우수 직원에게 시상하는 상품을 받을 수 있게 되었다. 아무리 발버둥 쳐도 자신의 힘만으로는 상황을 역전시키기 어려울 때가 있다. 그럴 때는 그 분야의 최고에게 배워서 나만의 방식을 더한다면 성공할 확률이 크다.

나는 원하는 목표를 이루기 위해서 배움이 필요한 순간에는 누군가에게 물어보는 것을 부끄럽게 생각하지 않는다. 오히려 타인의 시선에 신경을 쓰느라 벤치마킹하는 것을 주저하는 사이에 기회를 놓쳐버리는 것이 안타깝게 생각된다. 궁금한 것이 있어도 체면상 참는 사람이 많다. 그렇다면 당신의 삶은 항상 그 자리에 머물 것이고, 발전하는 일 없이 허송세월만 보내게 될 것이다.

작은 중화요리점을 운영하는 J사장이 있다. 그는 개업한 지 반년이 되었지만 늘 적자에 허덕이며 심각한 경영난을 겪고 있었다. 궁리한 끝에 그는 처음부터 다시 시작해야겠다는 생각으로 전국에서 유명하다는 중화요리점을 다니며 음식을 먹어봤다고 한다. 일반 중화요리점에서 먹는 맛과는 다른 맛을 내는 음식이 있으면 그 맛을 내기 위해 며칠 밤을 지새우며 연구하여 자신만의 비법으로 개발했다고 한다. 몇 개월간을 그렇게 잘되는 식당의 음식 맛을 벤치마킹하고 자신만의 방식으로 개발하여 중화요리점을 다시 열었다고 한다. 처음 한 달 동안은 여전히 매출이 저조했지만 어느덧 입소문이 나기 시작하면서 손님이 줄 서는 가게가 되었다고 한다.

가게의 매출이 오르지 않아서 운영해 나가는 것이 힘들다면 잘되는 가게들을 한번 둘러보자. 잘되는 가게에는 다 그만한 이유가 있다. 고객에게 제공하는 서비스가 차별되는 점이 있다든지 음식점이라면 자신만의 비법으로 음식을 조리하는 방법이 있을 것이다. 그렇지만 차별되는 방법을 무작정 따라 한다고 해서 당신도 그 방법으로 성공하리라는 보장은 없다. 같은 아이템의 가게라도 상권, 타깃, 유동인구 등 모든 조건이 같지 않기 때문이다. 잘되는 가게를 벤치마킹하되 당신의 가게 특색에 맞도록 분석한 후 모방해야 한다.

장사를 처음 시작하거나 장사가 잘 안되는 경우인데도 사업 철학을 고수하며 현상 유지만 겨우 해 나가는 가게가 있다. 매출이 생각만큼 오르지 않는다면 경영방식을 되돌아볼 필요가 있다. 잘되는 가게를 벤치마킹해서라도 대박 나는 가게를 만들겠다는 생각을 가져보자. 잘되는 가게를 분석하고 그 방법에 당신의 경영방식이나 아이템이 접목되면 더 좋은 성과를 끌어낼 수 있는 것이 벤치마킹이다. 그러니 잘되는 가게로 만들고 싶다면 성공한 가게를 벤치마킹하도록 해보자.

02
내 가게만의
특색을 찾아라

물건을 판매하는 가게라고 해서 고객은 그 물건만을 사기 위해서 가게를 찾지 않는다. 가게에 내재되어 있는 특성 때문에 찾는 경우가 많다. 30년 넘게 운영하고 있는 화장품 가게가 있다. 그녀가 처음 가게를 시작할 때에는 단순히 화장품만 취급했다. 화장품에 대해 설명하며 고객들과 소통하는 과정에서 어느덧 그녀의 가게는 사랑방처럼 변해갔다. 동네 중장년층 여성들이 모여 수다를 떠는 공간으로 변한 것이다. 자연스럽게 사람들이 모이니 화장품 매출은 늘어만 갔다.

고객층이 중장년층이라는 것을 고려해 인테리어 소품이나 예쁜 주방 식기구도 갖다놓고 판매하니 매출은 두 배로 늘게 되었다. 화장품과 인테리어 소품을 파는 가게지만 그곳에 가면 언제든지 대화 상대가 있는 사랑방 이미지를 구축했다. 그렇게 가게에서 수다를 떨 수 있는 공간으로 만들어 매출을 올린 것이다. 더 나아가 그녀는 계절이 바뀔 때마다 그에 맞는 상품을 판매한다. 예를 들어, 여름에는 여성들이 즐겨 신는 예쁜 모양의 슬리퍼나 시폰 소재의 원피스를 구비해 판매를 한다. 겨울에는 머플러나 장갑 등을 판매하며 매출을 올린다. 고객들은 가게에 갈 때마다 보물찾기 하는 것처럼 예쁜 물건을 구경하는 것이 즐겁다고 한다. 그러면서 매출로 이어지는 것이다.

자신만의 개성과 주관이 있는 사람이 인기가 많듯 가게도 마찬가지다. 당신의 가게가 가지는 고유한 특색을 찾아야 한다. 어떤 물건만을 파는 가게는 무수히 많다. 그 많은 곳 중에서 내 가게를 선택해야만 하는 결정적인 이유가 되는 특성을 찾아서 고객들의 선택을 만족시켜 주어야 한다. 특색을 단숨에 만들거나 찾는다는 것이 쉬운 일은 아닐 것이다. 그러나 간단하게 생각해보자. 그동안 축적된 노하우와 가게를 운영하면서 겪은 일들로 특색을 만들어 간다고 생각하면 어떨까?

어떤 미용실에 가보면 고객들끼리 가족 같은 분위기를 내는 곳이 있다. 나이 드신 할머니들이 주로 찾는 미용실인데 머리 하는 동안 시간 보내기가 지겨우니 집에서 가지고 온 음식을 나눠 먹거나 미용실 안에서 낮잠을 주무시는 경우가 많다. 여기서 만난 고객들은 모두 언니, 동생을 만난 것처럼 가족 같은 분위기를 낸다. 이 곳 역시 고객들의 사랑방 역할을 하는 곳이다. 머리를 손질하는 미용실이지만 그 시간을 이용하여 음식을 나눠 먹으면서 서로 오순도순 이야기하는 사랑방 같은 장소를 제공하는 것이다. 이 미용실이 단순히 머리 손질만 하는 곳으로 인식되었다면 많고 많은 미용실 중 하나에 불과할 것이다. 그러나 정이 넘친다는 미용실의 특색을 살려서 몇 십 년 동안 꾸준하게 매출을 올리며 가게 운영을 해 나갈 수 있었던 것이다.

가게의 특색을 찾는다는 것은 고객들의 발길을 좀 더 쉽게 끌어당겨 매출에도 큰 영향을 미친다는 사실을 알아야 한다. 단골 카페의 사장님은 음료를 만들어 내는 주방의 청결에 신경을 많이 쓴다. 식기구를 윤이 날 정도로 깨끗하게 씻고 보관하며 정수기 수질관리도 두 배로 철저히 한다. 주방에서 음료를 만들지만 그녀의 복장 역시 늘 단정하다. 그런 모습으로 카페가 청결에 많은 신경을 쓴다는 이미지로 고객들에게 인식시켜 나갔다. 그 결과 카페를 방문하는 고객들은 음료에 들어가는 얼음 하나까지도 믿고 마실 수 있는 곳이라는 인식을 갖게 되었다. 요즘은 먹거리 파동에 관한 좋지 않은 뉴스가 자주 등장하는데 이곳의 경우 물 한잔도 안심하고 먹을 수 있다는 것에 고객으로서는 안심이 된다.

가게의 특색을 찾는다는 것을 거창하게 생각하지 말자. 카페 사장님처럼 고객들에게 믿고 먹을 수 있는 음식을 제공한다는 장사철학이 있으면 그것 역시 가게의 특색이 될 수 있다. 그녀가 처음부터 깨끗한 이미지의 카페 특색을 만든 것은 아니다. 가게를 개업할 때 고객들에게 제공하는 음식은 청결을 우선으로 한다는 철칙을 세웠다고 한다. 가게 운영을 하면서 고객들과의 대화 속에서 그들은 물 한잔이라도 믿고 마실 수 있는 것을 원한다는 것을 알았고 가게의 청결한 이미지를 계속해서 고객에게 어필한 결과 특색을 살려낼 수 있었다고 한다. 이처럼 가게의 특색을 찾는 방법으로 고객들의 요구 사항을 관찰하여 그들이 원하는 것을 자연스럽게 만들어 가는 것도 하나의 방법이 될 것이다.

한 번씩 찾는 네일숍이 있다. 그곳은 외관으로 봐서는 어느 곳에서나 볼 수 있는 네일숍과 다름없는 곳이다. 여사장님 혼자 운영하는 곳인데 유독 삼십 대와 사십 대의 여성 고객이 많이 찾는다고 한다. 처음엔 이유를 몰랐으나 그녀와 이야기를 나눠보니 왜 그런지 알 것 같았다. 기혼 여성인 그녀는 여성들의 심리를 잘 알고 있었고 무엇보다 고객과의 대화를 잘 이끌어 내는 능력이 있었다. 그래서 기혼 여성들의 고민 상담사 역할을 하고 있었던 것이다. 단골고객 중 한 명은 그녀와 대화를 하면 시간 가는 줄도 모르겠다고 한다.

"네일숍 사장님은 고민을 어찌나 잘 들어주는지 여기 오는 날만 기다려진다니까."

"그러세요? 고민 들어주는 게 그렇게 좋으신가요?"

"당연하지, 속이 후련하잖아. 내 고민에 답이 없더라도 누군가가 내 이야기를 들어준다는 것이 얼마나 큰 위안이 되는데."

"이야기를 들어주는 것만으로도 좋으신 거군요."

"그렇지. 나는 일부러 시간을 내서라도 여기 오는 거야."

네일숍은 여성들의 고민 상담을 해주는 콘셉트로 자리를 잡았고 단골고객을 많이 확보하여 잘되는 가게가 되었다. 고민 상담을 해주는 가게의 특색이 없었다면 흔한 네일숍과는 다른 점이 없기 때문에 잘되는 가게가 되기 어려웠을 것이다. 특색을 찾아서 고객들에게 다가가는 것이 무엇보다 중요하다는 것을 보여주는 사례이다.

가게의 특색을 찾아서 대박 난 가게를 만든 그들은 고객과 소통하며 그들이 원하는 것을 찾아내고 자연스럽게 해결해 나가면서 콘셉트를 만들어 낸 것이다. 가게가 가지는 특성이 고객들에게 전달이 되어야만 대박 나는 가게가 될 수 있는 것이다.

식당에서 흔히 고기를 구워 먹는다고 하면 어떤 장면이 연상되는가? 식당에 방문한 지인이나 가족이 한 테이블에 둘러 앉아 음식을 먹는 장면을 생각할 것이다. 그런데 이런 편견을 깨는 고깃집이 있다. 도시 외곽에 위치한 곳인데 실내가 아닌 실외에서 큰 원형 테이블에 낯선 사람들과 같이 둘러앉아서 고기를 구워 먹는 식당이다. 불판으로 만들어져 있는 원형 테이블 중간에 서서 직원이 직접 고기를 구워준다. 고기 외의 다른 음식은 모두 셀프이기 때문에 집에서 준비해 와야 한다. 야외에서 낯선 사람들과 같은 테이블에 앉아서 고기를 구워 먹고 컵라면까지 먹으니 캠핑 온 기분이 들었다. 직원이 고기를 구우면서 불판 위에서 불쇼까지 해주니 먹는 재미뿐만 아니라 보는 재미도 있는 곳이다.

캠핑장의 기분을 느끼게 해주는 식당의 특색을 만들어서 대박 난 가게의 사례이다. 임대료가 비싼 도심에서 벗어나서 변두리에 식당을 하려고 하니 입소문이 쉽게 나지 않을 것을 우려했던 것이다. 그래서 보통 고깃집과는 다른 특색으로 고객에게 다가갔다. 외곽에 있어 사람들이 쉽게 찾아오지 못하는 곳에 위치해 있지만 특색을 잘 살렸기에 충분히 대박 나는 가게를 만들 수 있었다. 가게의 특색을 찾는 것이 얼마나 중요한지 사례에서 보여준다. 그러니 당신의 가게를 고객들이 줄 서는 가게로 만들고 싶다면 당신 가게만이 가질 수 있는 특색을 찾아야 할 것이다.

03

매출 달성 목표를 가져라

수능을 준비하는 학생 중에서 자신이 원하는 대학을 목표로 공부한 학생과 그렇지 않은 학생의 수능 점수는 하늘과 땅 차이다. 대학생이 되어서도 원하는 회사에 취업하려는 목표를 세우고 스펙을 쌓는 것과 그렇지 않은 학생의 미래는 누가 봐도 뻔하다. 공부를 하는 것에도 목표 설정만으로 전혀 다른 미래의 결과를 가져오는데, 생계를 책임지는 가게를 운영하는 것에서는 얼마나 더 중요한 영향을 미칠까?

3년 전 국밥집을 개업한 K사장이 있다. 그는 가게를 시작하기 전 사업 자금의 40%를 대출 받아서 시작했다. 3년 내에 빚을 모두 갚겠다는 목표를 세워서 영업을 한 결과 실제로 3년이 되던 해에 대출금을 모두 상환하게 되었다. 처음부터 기한을 정해놓고 매출을 달성하기 위한 목표를 세웠기에 가능한 일이었다.

"사장님, 단기간에 목표 달성을 하셨네요?"

"빚을 빨리 갚아야 되겠다는 생각을 하니까 매출을 어떻게 올릴 수 있을지 고민하게 되더라고요. 우선 고객들에게 친절하게 대해야 손님들이 많이 올 것이라고 생각했습니다. 그래서 무조건 고객에게 친절하게 대했고 음식 맛을 내기 위해서 저만의 비법을 연구했죠. 그 결과 담백한 국물 맛을 내는 것에 성공했고 장사도 날이 갈수록 잘 되었어요."

목표를 세운다고 해서 무조건 이룰 수 있는 건 아니다. 목표를 세우게 되면 그것을 이루기 위한 영업 전략을 고민하게 되고 힘들고 지치는 일이 있더라도 자신이 세운 목표를 생각하며 나아갈 수 있는 힘이 생긴다. 그렇기 때문에 가게를 시작하기 전에 매출 달성 목표부터 정해야 하는 것이다.

내가 일하는 농협에서는 연초가 되면 개인 실적을 부여한다. 카드 발급, 보험 청약, 대출 금액 등 실적에 대한 목표를 부여하고, 1년 동안 목표 달성을 한 직원을 대상으로 1등부터 3등까지 시상을 한다. 개인 실적뿐만 아니라 12개가 되는 각 지점에도 사무실 실적을 부여하고 그 역시 달성되면 1위부터 3위까지의 사무실 직원들에게 상여금을 지급한다. 그런데 업무의 실적을 달성하는 것이 결코 말처럼 쉬운 일이 아니다. 고객에게 권유해서 성사시키는 것이 어려운 일이기 때문이다.

1건의 카드 발급을 위해서는 최소한 5명의 고객에게 퇴짜 맞을 각오를 해야 한다. 내가 권유한다고 해서 모두 들어주는 고객은 가족이 아닌 이상 없기 때문이다. 심지어 가족에게도 엄청난 설명과 권유를 해야 계약까지 이어지는 경우도 있다. 그만큼 내가 판매하고자 하는 상품을 판매하고 계약까지 성사시키는 것에는 많은 에너지가 필요하다. 그렇지만 실적을 올려야 하는 목표치를 부여받았기 때문에 달성하기 위한 노력을 한다.

업무로 인해 몸이 피곤한 순간이나 계속되는 고객의 거절에 권유하는 것을 포기하고 싶은 순간이 있다. 그렇지만 실적에 대한 목표를 생각하면서 한 번 더 권유하게 되는 힘을 발휘하게 된다. 목표란 그런 것이다. 내가 주저앉고 싶을 때 다시 일으켜 세워주는 동기 부여가 되는 힘이다. 목표를 세워서 일을 하면 그것을 이루기 위해서 온갖 노력을 다할 것이다. 설령 달성하지 못했다고 하더라도 자신도 모르는 사이 목표를 세운 근사치에는 도달해 있을 것이다.

스마트폰의 사용이 많아지면서 스마트뱅킹을 추진해야 하는 실적이 주어진 적이 있다. 자체적으로 2주일 동안 최고 실적을 올리는 3명의 직원에게 시상금을 부여하는 프로모션을 진행했다. 나는 최고 실적으로 순위 안에 들어서 업무 능력을 인정받는 직원이 되고 싶었다. 그래서 1등을 하겠다는 목표를 세웠다. 내방 고객 중 스마트폰을 사용하고 있으면서 가입이 되어 있지 않은 고객은 한 명도 빠짐없이 추진했다. 1등을 하겠다는 목표를 세우니 세일즈를 잘할 수 있는 방법을 고민하게 되었고 생각을 행동으로 옮긴 결과 1등을 차지할 수 있었다. 만약 순위 안에 들겠다는 목표를 세우지 않았더라면 어떻게 되었을까? 고객들의 거절이 계속되었을 때 쉽게 좌절했을 것이고 나의 업무 추진 능력은 발전하지 않았을 것이다. 당신이 가게를 운영하고 있다면, 목표를 세우고 이룬다는 것은 매출을 상승시키는 것과 동시에 자기 자신과의 싸움인 것이다.

치킨집을 운영한다고 가정해보자. 하루에 치킨 30마리 이상을 판매하겠다는 목표를 세운다면 제일 먼저 어떻게 판매할 것인가를 고민할 것이다. 가게 문을 좀 더 일찍 열고 시간을 늦춰서 마감을 해야 되겠다는 생각을 할 수도 있고, 가게 홍보를 파격적으로 할 수 있는 방법도 생각할 것이다. 매출 달성 목표를 세울 때 가게 매출을 더 올릴 수 있는 방법을 끊임없이 고민하고 달성하려는 노력을 한다. 하루를 허투루 보낼 수도 있고 24시간을 36시간처럼 살 수 있는 힘을 주는 것이 목표를 세우는 것이다.

매출 달성 목표 금액을 너무 높게 잡으면 포기하고 싶은 마음이 쉽게 생긴다. 어차피 이루지 못할 거라는 생각에 빨리 단념해 버리는 것이다. 그러니 매출 달성 목표를 세울 때에는 자신 있게 이룰 수 있을 만큼의 금액으로 잡고 그것을 달성시켜 보자. 목표를 세우고 포기하는 것도 계속되면 습관이 되기 때문에 성취감을 먼저 맛보도록 하자. 그러기 위해서 현재의 상황에서 목표를 정해 적은 금액이라도 성공시키는 습관을 기르도록 해야 한다.

시장에서 작은 점포를 빌려서 브랜드가 없는 청바지를 저렴한 금액으로 판매한 J라는 여성이 있다. 그녀의 남편은 회사원이었지만 박봉인 탓에 자녀를 뒷바라지할 수 있을 만큼 생활이 넉넉하지 않았다. 그래서 그녀가 직접 생활 전선으로 뛰어든 것이다. 시장에서 옷을 판매했지만 그녀에게는 꿈이 있었다. 작은 가게에서 저렴한 가격대의 의류를 판매하지만 돈을 모아서 브랜드 의류점을 내겠다는 목표였다. 목표를 세우고 일을 하니까 고객들을 더 열정적으로 응대할 수 있었고 날이 갈수록 번창하는 가게를 만들 수 있었다고 한다. 뿐만 아니라 그녀는 길을 오갈 때마다 자신이 브랜드 의류점을 낼 수 있을 만한 매장을 항상 눈여겨보았고 실제로 마음에 드는 매장이 임대가 나오자 그녀가 곧바로 계약할 수 있었다. 현재 그녀는 브랜드 의류 매장을 2개나 운영하고 있는 잘나가는 사장님이 되었다. 시작은 초라했지만 매출 달성 목표를 세워서 가게를 운영한 결과 부와 명성을 얻을 수 있게 된 것이다. 목표를 세우고 일을 하면 그녀처럼 기회를 포착할 수 있는 길이 생긴다. 무엇보다 가게를 더 번창할 수 있게 만드는 열정이 생기고 그 열정이 고객들에게는 최선의 서비스로 보답되는 선순환이 이어진다. 그렇기 때문에 매출 달성 목표를 가지는 것이 중요한 것이다.

목표가 없다면 하루를 평범하게 살아가는 것에 그친다. 발전 없이 현재의 생활에 안주하며 하루를 살아가는 것이다. 그러나 이 책을 읽는 당신은 작은 가게를 대박 나는 가게로 만들고 싶은 꿈이 있는 것 아닌가? 그러기 위해서는 매출 달성 목표부터 세워야 하는 것이다. 목표를 세우고 온갖 방법을 다 동원하고 에너지를 쏟아부었지만 결국은 잘되지 않더라도 '조금 더 해 볼 걸' 하는 후회의 마음은 남지 않는다.

목표를 세운 다음에는 노력이 뒷받침되어야 한다. 노력도 하지 않으면서 잘되기를 바라는 것은 요행이고 자신이 원하는 가게를 만들어 갈 수도 없다. 단골고객을 많이 만들고 날이 갈수록 잘되는 가게, 성공한 가게로 만들고 싶다면 매출 달성 목표를 세워서 가게를 운영해야 한다는 것을 잊지 말도록 하자.

04

한 명의 고객은
100명의 잠재고객과 같다

가족이 모두 모이는 날에는 집에서 음식을 만들어 먹기보다는 식당
에 가서 식사를 하는 경우가 많다. 집에서 밥을 먹게 되면 음식을
준비하는 시간과 설거지하는 것에 시간이 많이 걸리기 때문에 그
시간에 가족이 모여 앉아서 도란도란 이야기하는 것이 더 가치 있
다는 생각이 들기 때문이다. 그런 이유로 가족들이 자주 찾는 곳이
있다. 오리를 직접 키우고 그 오리로 백숙을 판매하는 식당이다. 산
밑자락에 위치한 식당이어서 자연친화적인 느낌이 강한 곳이다.

　단골고객인 우리가 식당에 가면 사장님은 인상 좋은 얼굴로 반갑
게 맞아주고 음식에 특별히 더 신경을 써준다. 건강한 먹을거리라
는 인식이 있는 그곳의 음식을 부모님은 유난히 좋아하신다. 그래

서 두 달에 한 번 꼴로 식사를 하러 가곤 한다. 부모님은 모임을 할 때나 지인들에게 식사 대접을 할 때면 그곳을 소개하기도 하고 종종 이용하는 편이다. 한 사람의 소개로 인해서 그들의 지인들까지도 단골고객으로 만들게 되는 것이다. 지인들의 가족과 친구도 잠재고객이 된 셈이고, 그들 또한 식당을 이용하는 날이 올 것이기 때문이다. 한 명에게 베푸는 최선의 서비스가 100명의 고객이 되어 돌아온다는 것을 안다면 비록 한 사람일지라도 최선을 다해야 한다.

가게를 운영하는 사람들 중에는 이런 사람이 있다. 고객과 문제가 생기면 좋게 해결하려는 생각보다는 불평불만을 하는 그 고객에게 '내 가게를 이용하지 않아도 매출에는 큰 영향이 없다'는 듯 문제를 더 키우는 사람 말이다. 그런 불친절함으로 대한다면 한 사람만 놓치는 것이 아니라 잠재고객이었던 그의 가족과 친구, 주변 사람들까지도 놓치는 것이다. 가게를 운영하는 것이 한 사람과의 관계에서 끝난다는 단순한 생각을 해서는 안 된다.

직장이라면 동료 간에 마찰이 생기거나 또는 학교에서 친구 간에 싸움을 할 때 다른 사람들에게 영향이 가는 파급력 없이 서로 간의 관계에서만 끝난다. 당사자의 문제에서만 그치는 경우가 대부분이다. 그러나 매출을 내야 하는 가게를 운영하는 입장이라면 1명의 고객이 100명의 고객으로 돌아온다는 생각을 했을 때 문제가 발생하면 고객과 사장 둘만의 문제가 아니라는 것을 알 것이다. 최선의 서비스로 보답을 한 결과 한 사람의 단골고객이 확보되면 가족과 친구, 직장 동료 등 수많은 사람들을 잠재고객으로 만들 수가 있다.

친구가 얼마 전 새로 생긴 미용실에서 머리 손질을 했는데 미용사의 솜씨가 좋다는 이야기를 했다. 며칠 후 남편이 마침 머리 손질을 해야 한다며 미용실에 가야 한다는 것이다. 나는 친구에게 들었던 말이 생각나 새로 생긴 미용실을 추천해 주었고 그곳에서 머리 손질을 하고 온 남편은 자신의 머리 스타일에 아주 흡족해했다. 그 이후로 단골고객이 되었고 예약제인 미용실의 예약이 밀려 있는 날에는 다음 날까지 기다렸다가 그곳만 이용하게 되었다. 미용실 원장의 실력이 뛰어나다고 생각한 나는 헤어스타일에 민감한 남동생에게도 추천했고 동생도 자주 찾는다고 한다. 이런 일들을 겪어 보았을 때 실력이 뒷받침된 다음에는 입소문의 위력이 대단하다는 것을 느낀다. 고객에게 최고의 실력과 최선의 서비스를 제공한다면 이처럼 단골고객을 많이 만들어 나갈 수 있다.

1년 전 이사를 하면서 리모델링을 한 적이 있다. 몇 군데에서 인테리어 견적을 받았고 내가 원하는 인테리어의 시안을 보여준 업체를 선택하여 공사를 맡기게 되었다. 무엇보다 그 업체는 창틀 공장을 직영으로 운영하기 때문에 다른 업체보다 가격이 저렴했다. 시공 계약을 하기 전 공사에 대한 상담을 할 때 업체 사장님의 친절한 모습과 내가 물어보는 질문에도 막힘없이 답변해 주는 모습에 신뢰감이 들었다.

인테리어 공사가 거의 다 마무리되고 점검할 때 미흡한 부분이 있어서 문제 제기를 하게 되면서 사장님과 통화를 한두 번 했었다. 그런데 그 이후부터는 자신의 부하직원으로 있던 팀장과 통화를 하게 하고 전화를 받지 않는 것이었다. 황당했지만 공사는 끝났고 인테리어 대금도 지불이 완료된 상태였기 때문에 불만사항을 제기해 봤자 달라질 것이 없었다. 인테리어 견적을 내기 전 집을 직접 보고 견적을 내야 되는 부분이었기에 사장님은 아파트 단지를 둘러보며 나에게 말했다.

"아파트가 오래되어서 앞으로 창틀 교체를 해야 할 집이 많아 보이네요. 사모님 집의 공사를 제대로 해 드려서 이 아파트 주민이 창틀 교체를 할 때는 우리 가게를 이용할 수 있도록 잘해 드리겠습니다."

"네, 제대로만 해 주시면 소개 많이 시켜 드릴게요."

사장님과 나눈 대화였지만 정작 고객이 문제 제기를 하게 되니 전화를 회피하는 상황이 발생했던 것이다. 인테리어 가게를 시작한 지 얼마 되지 않아서 자리 잡기를 원했던 사장님이었다. 그렇지만 고객과의 마찰에서 해결 방법을 찾으려고 노력하기보다 회피하려는 태도로 봐서는 가게가 더 이상 성장하지 못할 것이라는 확신이 들었다. 만약 다른 누군가가 나에게 인테리어를 업체를 소개시켜 달라는 말을 한다면 우리 집을 시공한 업체를 소개시켜 주기보다 차라리 발품을 팔아서라도 다른 곳을 알아봐 줄 것이다. 그 가게의 사장님은 고객과 계약을 하기 전과 후의 행동이 너무나도 다르다는 것을 알았기 때문이다. 혹시라도 소개시켜 주어서 문제가 발생하게 되면 원망의 화살이 나에게 돌아올 것이 뻔하다. 사장님의 포부는 컸지만 한 사람에게 잘못 제공한 서비스로 인해 우리 아파트 단지 133세대의 잠재고객을 잃은 것이다.

가게를 운영한다면 고객이 물건을 사고 난 후에 나 몰라라 하는 식으로 장사를 하는 것은 수많은 잠재고객을 잃는 것이나 다름없다. 우리나라 최고의 가전제품을 판매하는 기업을 보면 사후 서비스가 확실하다는 경험을 해 보았을 것이다. 고장 나서 A/S 수리를 하고 난 후 고객센터에서 전화가 온다. 물건 수리가 잘 되었는지 그리고 A/S 기사님의 서비스 만족도는 어땠는지를 묻는다. 이런 점들을 보았을 때 한국 최고의 기업이 될 수밖에 없다는 생각이 든다. 고객에게 물건을 팔았다면 이익이 남는 그 순간이 다가 아니라는 것을 알 필요가 있다. 사후 서비스까지 확실해야 신뢰감을 얻을 수 있고 1명의 고객이 100명의 고객이 되어서 돌아올 수 있다.

고객에게 한결같이 친절한 서비스를 제공하여 그들을 단골고객을 넘어선 충성고객으로 만드는 노력을 하자. 결국 1명의 단골고객을 만드는 것은 100명의 단골고객을 만드는 것과 같다는 생각으로 내가 할 수 있는 최선의 서비스를 제공한다면 대박 나는 가게가 될 것이다.

05

파리만 날리는 가게,
말투부터 바꿔라

장사가 잘되는 가게의 사장님을 본 적이 있는가? 손님이 많은 식당이나 가게에 가보면 사장님은 연신 싱글벙글 웃는 얼굴과 목소리에도 즐거움이 묻어나온다. 이런 경우 사람들은 보통 '장사가 잘되어서 돈을 많이 버니까 좋을 수밖에 없겠지'라고 생각할 것이다. 그렇지만 상사가 잘되는 기게의 사장님은 매출이 많이 오르거나 그렇지 않아도 항상 마음의 여유가 있고 긍정적인 단어들을 많이 사용한다. 반면 장사가 안되는 가게의 사장님은 연신 부정적인 말을 많이 사용하는 것을 들을 수 있다.

"오늘 장사가 안되네."

"요즘 불경기라 너무 힘들어."

"장사가 안돼서 죽겠네."

옆에서 듣는 사람마저 힘 빠지는 말을 하며 한숨을 내쉰다. 부정적인 기운이 흐르는 가게에 가서 누가 소비를 하고 싶은 마음이 생길까? 장사가 안되는 가게는 그런 상황들을 만들어 가는 것이다. 가끔씩 식사를 하러 가는 작은 식당이 있다. 음식이 정갈하고 맛이 있는 편이었지만 갈 때마다 손님이 붐비거나 많지 않았다. 음식은 맛있지만 그 식당이 잘 안되는 이유가 사장님의 말투 때문이라고 생각한다. 식당에 있는 TV 앞에서 뉴스에서 불경기에 관한 기사가 나올 때마다 장사가 안된다며 부정적인 단어들을 내뱉었다. 그런 말을 할 때 옆에서 듣고 있는 사람마저 기운이 가라앉는 것을 느낀다. 의도적으로라도 희망적인 말을 사용해 보는 것은 어떨까?

"오늘은 얼마나 많은 손님이 올까?"

"오늘은 얼마나 많은 매출을 올릴 수 있을까?"

"오늘은 좀 더 친절한 서비스로 고객들에게 보답해 보자."

"오늘 하루 즐겁게 일해 보자."

긍정적인 말을 하면 하루를 시작하는 마음가짐이 달라지고 그 마음이 고객에게 친절한 서비스로 보답되어 잘되는 가게가 될 것이다. 요즘은 고객의 수는 한정되어 있지만 너무 많은 카페가 생겨나서 고객을 유치하는 것을 경쟁할 정도이다. 내가 자주 가는 카페가 있다. 그곳에 가면 사장님은 밝은 미소로 나를 맞아준다. 주위에 카페가 많아서 걱정되는 마음에 장사가 잘되느냐고 물어보았다. 개의

치 않은 듯 단골고객은 꾸준히 찾기 때문에 문제없다는 대답을 했다. 그곳의 사장님은 항상 긍정적으로 생각을 하고 긍정적인 말을 하기 때문에 그녀와 대화하는 것이 즐겁다. 그래서 커피를 마시러 갈 때면 그곳을 자주 이용하는 단골고객이 되었다. 부정적인 말뿐만 아니라 고객을 대하는 말투 역시 중요하다. 어느 식당에 가보면 고객이 가게에 들어와서 테이블에 앉았는데도 종업원이나 사장이 무심한 경우가 있다. 주문 받기를 기다리던 고객이 직접 직원을 불러서 주문을 한다.

"주문 좀 받아주세요."

"네."

"이 메뉴 주세요."

"네."

손님을 맞는 인사도 없이 고객이 묻는 말에만 퉁명스럽게 "네"라고 대답할 뿐 성의 있는 태도로 고객을 응대하지 않는 경우가 많다. 밥 한 끼 먹으러 온 것이지만 이런 불친절한 말투에 기분이 나쁠 수밖에 없다. 요즘은 고객을 상대하는 곳이라면 서비스 교육이 따로 이루어지고 있는 만큼 백화점이나 패밀리 레스토랑, 은행 등에서 친절을 강조한다. 이런 친절한 서비스를 받아 본 고객이라면 말투 하나에도 민감하게 반응한다. 말투 하나로 충성고객이 되기도 하고 다시는 찾지 않는 고객이 되기도 하는 것이다.

'말 한마디에 천 냥 빚 갚는다'는 속담이 있다. 말만 잘하면 어려운 일이나 불가능한 일도 해결할 수 있다는 뜻인데 나는 이렇게 해석하고 싶다. '말투 하나로 충성고객을 만들 수 있고, 말투 하나로 오던 고객 내쫓는 꼴이 될 수도 있다'고 말이다. 고객이 음식 맛이나 상품에 대한 불평불만을 늘어놓는 경우, 사장이나 종업원이 덩달아 화가 나서 고객에게 감정적인 말투로 대하는 경우가 종종 있다. 화를 내는 말투로 고객에게 쏘아붙이는 경우는 '더 이상 당신을 우리 가게의 고객으로 받아들이지 않겠다'는 각오를 해야 한다. 고객은 "왜 저한테 이상한 말투로 말하시는 거죠?"라고 직접적인 말은 하지 않는 대신에 소리 없이 그 가게로 가는 발길을 끊을 것이기 때문이다.

얼마 전 고부 갈등을 다루는 프로그램을 본 적이 있다. 외국인 며느리와 한국인 시어머니와의 갈등을 다루는 내용이었는데 시어머니는 외국인 며느리의 무뚝뚝함과 싹싹하지 않은 행동이 늘 불만이었다. 며느리의 행동이 답답했는지 말끝마다 한숨을 내쉬고 욕을 섞어가며 대화를 하는 모습을 보았다. 그런 말을 듣는 며느리도 기분이 좋지 않아서인지 둘의 관계는 개선될 기미가 보이지 않고 점점 악화되어갔다. 방송국 측에서 고부를 며느리의 고향으로 여행을 데리고 갔고 관계를 재정비하게 함으로써 고부 갈등을 해결하는 과정을 그린 내용이었다. 시어머니가 비록 며느리의 행동이 마음에 들지 않지만 부정적인 말투 대신 긍정적이고 희망적인 말투로 며느리를 대했다면 어땠을까? 관계가 악화되는 상황이 발생하기 전에 며느리도 나름대로 잘하려는 노력은 했을 것이다. '칭찬은 고래도 춤추게 한다'는 말이 있듯이 시어머니의 한숨 대신 칭찬을 들었다면 한국생활에 빠르게 적응하면서 돈독한 가족의 정을 더 쌓았을 것이라는 생각이 들었다. 가장 가까운 가족 간에도 말투가 중요한데 고객과의 관계에서 말투는 매출에 얼마나 많은 영향을 미칠지 짐작할 수 있다.

시장에 오래된 고깃집이 있다. 한눈에 봐도 허름한 곳이지만 식사하러 갈 때마다 고객들이 넘쳐난다. 어떨 때에는 자리가 없어서 밖에서 한참을 기다리기도 한다. 허름한 식당인 이곳이 잘되는 이유는 무엇일까? 부부가 운영하는 곳인데 고객 누구에게나 가족을 대하듯이 정겹게 대한다. 그렇지만 그런 친절함 말고도 특별한 이유가 한 가지 더 있다. 부부는 항상 싱글벙글 웃는 얼굴을 하며 고객이 요구하는 것은 무엇이든지 긍정적으로 대답한다. 옆 테이블에서 고기를 구워 먹던 한 남성이 사장님에게 말했다.

"사장님, 메뉴에 된장찌개는 없고 청국장만 있네요? 저는 청국장을 못 먹는데 된장찌개는 안 될까요?"

"되고말고요. 청국장 못 드시면 된장찌개로 바로 끓여드리겠습니다."

또 다른 테이블의 여성이 사장님에게 말했다.

"사장님, 청양고추는 매워서 못 먹는데 그냥 고추는 없나요?"

"식당에는 청양고추밖에 없는데 옆에 채소 가게가 있으니 바로 사다 드리겠습니다."

식당 사장님은 고객에게 베푸는 친절 중 안 되는 것이 없었다. 늘 긍정적인 말투와 행동이 대박 나는 가게를 만든 것이다. 만약 사장님이 "된장찌개는 메뉴에 없으니 안 됩니다"라고 말했다든지 "우리 가게에는 청양고추밖에 없어요"라며 딱 잘라 말했다면 단언컨대 줄 서는 가게는 되지 않았을 것이다. 말투 하나에 사람의 기분이 상할 수도 있고 좋을 수도 있다는 것을 안다면 늘 긍정적인 말투를 사용하여 고객들의 마음을 사로잡는 대박 나는 가게를 만들어 보자.

06

친절할 생각이 없다면
장사하지 마라

손님이 많고 바쁠수록 불친절한 가게가 많다. 바쁜 와중에 고객 모두에게 친절을 베풀 시간이 없는 것이다. 그런 곳이더라도 기본적인 서비스의 자세는 갖춰야 한다. 바쁠수록 고객에게 맞이하는 인사 정도는 기본으로 해야 하고, 고객이 물어보는 질문에 답변을 잘 해주는 것만으로도 친절하다는 인상을 받을 수가 있다. 고객이 상품에 대해 물어봐도 손과 눈은 다른 일을 하고 있으면서 대답만 하는 가게가 있다. 이런 경우 고객의 입장에서는 불친절하다는 첫인상을 받게 된다. 가게가 바쁘고 일손이 부족해서 그들의 반응에 대응할 여유가 없다는 이유일 것이다. 그러나 소통하는 잠깐 몇 초 동안이라도 '고객을 바라보며 대답할 시간이 없을까?' 하는 것이 고객들의 생각이다.

물건을 사거나 또는 식사를 하러 가는 고객은 자신의 돈을 소비하러 가는 입장이기 때문에 당연히 대접을 받고 싶어 한다. 불친절한 자세로 그들을 대한다면 또다시 방문하고 싶지 않을 것이다. 요즘은 어딜 가나 친절한 서비스를 강조한다. 호텔, 은행은 기본이고 마트나 미용실 등 우리가 살아가면서 꼭 들러야 하는 가게는 어디든 친절을 기본으로 한다. 그렇다면 친절한 서비스라는 것은 어느 정도를 말할까?

기본적으로 우리가 생각할 수 있는 것이다. 인사 잘하는 어린이가 어른에게 칭찬받고 예의 바르다는 소리를 듣는 것처럼 고객에게 인사를 잘하는 것만으로도 좋은 인상을 남길 수 있다. 첫 이미지가 사람들의 기억에 오래 남듯이 고객을 반갑게 맞이해주는 그 첫인사가 가게의 이미지를 좌우할 수 있는 것이다.

쇼핑몰 내에 위치한 스파게티 전문점에 식사를 하러 간 적이 있다. 종업원이 네다섯 명쯤 되는 식당이었는데 식사시간이라서 고객들로 많이 붐볐다. 가게 안쪽으로 들어서니 분주하게 움직이던 종업원 중 한 명이 "어서 오세요"라는 인사를 건네며 계산대로 향했다. 레스토랑 같은 경우 자리를 안내해 주는 것이 대부분이기 때문에 자리를 안내받기 위해서 기다렸다. 한참을 기다려도 자리 안내를 해 주는 직원이 없어서 들어올 때 인사를 했던 종업원에게 물어보았다.

"아무 곳에나 앉을까요?"

"테이블이 치워져 있는 곳에 앉으세요."

테이블 위가 먹고 간 그릇 없이 정리되어 있는 곳에 앉으라는 거였다. 나는 두리번거리면서 빈 좌석을 찾아서 앉았다. 종업원의 말투와 행동이 불친절하다고 느꼈기에 가게의 첫인상이 좋지 않았지만 '바쁘니까 어쩔 수 없겠지'라고 생각했다. 자리에 앉고 메뉴판을 가져다주기를 기다렸지만 그 많은 종업원들은 고객이 먹고 나간 테이블 위를 정리하는 것에 더 많은 신경을 쓸 뿐 음식을 먹으러 온 나에게는 관심이 없는 듯 보였다. 그들을 보았을 때 가게 자체에서 친절한 서비스 교육이 전혀 이루어지지 않은 것 같았다. 먹고 난 후의 테이블을 정리하는 것도 중요하지만 더 중요한 것은 지금 가게에 들어온 고객에게 관심을 가지고 서비스를 베푸는 것이다. 그런데 그들은 우선순위를 놓치고 있는 것이었다. 종업원들이 불친절하다는 생각이 들어서인지 음식도 특별히 맛있을 것 같지 않다는 생각이 들었다. 그래서 음식을 주문하기 직전에 가게를 나왔다.

곧바로 옆 건물에 있던 스시 가게로 향했다. 역시나 고객들로 많이 붐비는 곳이었는데도 불구하고 가게에 들어서자 종업원이 자리 안내를 하는 서비스부터 확연하게 차이가 났다. 자리 안내를 받는 것에서부터 대접받는다는 생각이 들어서 스파게티 전문점과는 다른 느낌을 받았다. 고객들로 붐비는 곳이었지만 종업원들의 친절한 서비스를 받으면서 마음의 여유를 가지고 식사를 할 수 있었다.

음식점이라면 고객이 빈 좌석을 찾아 가게 안을 두리번거리며 당황해하지 않도록 자리를 안내하고 음식을 먹는 동안 불편한 점이 없는지 챙겨주는 것이 친절한 서비스 중의 한 가지다. 고객은 나처럼 사소한 서비스 하나에 감동을 받기도 하고 또는 좋지 않은 첫 이미지로 전체적인 편견을 갖기도 한다.

물건을 판매하는 상점이라면 고객이 물건을 구경하는 동안 불편한 점이 없도록 고객의 질문에 신속히 대답해 주어야 한다. 질문에 뜸들이듯 대답을 한다면 '물건을 판매할 생각이 없는 건가?'라는 생각이 들게 된다. 그러므로 고객이 당신의 가게에서 물건을 구경하는 동안에는 고객에게 관심을 가지며 신경을 쓰도록 하자.

구매한 물건이 운반하는 도중 깨지거나 흐트러질 수 있는 것이라면 안전하게 가지고 갈 수 있도록 포장을 해주는 것 또한 친절한 서비스 중의 한 가지이다. 일화 중 엄마와 어린 자녀가 어느 빵집에 케이크를 사러 갔는데 어린 자녀가 케이크 상자를 들고 문밖으로 나가는 도중 떨어뜨리게 되었다. 케이크가 망가졌지만 엄마는 자녀의 실수이기 때문에 상자를 그대로 들고 집으로 가려고 했다. 그런데 빵집 사장님은 다른 케이크로 다시 안전하게 포장해 주었는데 그 이유는 자신이 좀 더 꼼꼼하게 포장하지 못한 것이 실수이니까 새것으로 바꿔준 것이라고 했다. 빵집 사장님은 자신의 손해를 감수하고 새로운 케이크로 바꿔주는 서비스를 베풀었다. 당장은 손해일지 몰라도 멀리 보고 가게를 운영한다면 이 일을 계기로 해서 단골고객이 더 늘어날 것이다.

어깨가 너무 아파서 침을 맞으러 한의원에 간 적이 있다. 시내에

볼일을 보러 간 김에 한의원을 찾다가 어느 한곳에 들어갔다. 병원이나 한의원에 가면 최소한 몇 분 이상을 기다려야 진료를 볼 수 있는데 이곳은 이상하게 대기하는 손님도 없고 한산했다. 의아해하며 접수를 하고 상담 받으러 원장실로 들어갔다. 그런데 들어가는 첫인상부터가 좋게 느껴지지 않았다. 나는 인사를 하고 진료실에 들어섰지만 원장은 내 인사에 대한 대꾸도 없고 앉으라는 말도 하지 않았다. 처음부터 기분이 썩 좋지 않았고 원장이 질문하는 말투조차도 거슬렸다. 젊은 나이대의 한의사로 보였는데 환자를 대하는 것에서 상냥함이나 친절함은 전혀 찾아볼 수가 없었다. 그 불친절함 때문에 원장에게 신뢰가 생기지 않았고 급한 일이 생겼다고 둘러대며 서둘러서 나온 기억이 있다. 그때서야 그 한의원이 대기하는 환자가 한 명도 없이 한산했던 이유를 알게 되었다.

요즘은 고객을 대하는 그 어느 곳에서나 친절 교육을 따로 하고 있을 만큼 친절이라는 것이 보편화되었다. 사람들은 그만큼 서비스를 받는 것에 익숙해져가고 있다는 뜻이다. 환자를 돌보는 병원도 진설을 강조하는데 심지어 고객의 지갑을 열게 하고 소비를 하러 가는 가게에서 친절한 서비스를 하지 않는다면 잘되는 가게가 되기 어렵다. 누구나 자신에게 상냥하고 친절하게 대해주는 사람에게 말 한 마디 더 붙이고 싶고 정감이 간다. 무뚝뚝하게 대하는 사람과는 친해지기를 기대하는 것은 어렵다. 꽃도 애정을 가지고 물을 주며 정성 들여 키워야 예쁜 꽃을 피우고 또 그 꽃이 오래가는 법이다.

하물며 가게에 찾아오는 소중한 고객에게 최고의 친절한 서비스로 보답해야 되지 않을까?

고객이 당신의 가게를 더 잘되는 가게로 만들어 줄 수도 있고, 망하는 가게로 만들 수도 있는 핵심적인 열쇠를 갖고 있다는 생각으로 친절한 서비스를 베푼다면 당신의 가게는 대박 나는 가게가 될 것이다.

작은 가게의 경우 흔히 하는 실수가 있다. 고객이 물건을 구경하러 들어왔다가 구입하지 않고 그냥 나가버리는 경우가 있는데, 실컷 구경만 하고 정작 물건은 구입하지 않고 나가버린다고 "안녕히 가세요"라는 기본적인 인사조차 없이 침묵하는 경우가 있다. 그러면 돌아서서 나가는 고객은 괜히 부담스러운 마음이 든다. 그런 마음 때문에 다음에 또다시 가게에 가는 것이 꺼려질 때가 많다. 중요한 점은 그 당시에는 구입하지 않고 나가더라도 나중에 더 큰 고객이 되어 당신의 가게를 다시 찾을 수도 있다. 그들의 가족이나 친구, 동료들이 그곳을 이용하려고 할 때 자신이 받은 불친절한 서비스에 대해 이야기한다면 잠재고객이었던 그들 또한 좋지 않은 이미지를 가질 것이다.

'열 길 물속은 알아도 한 길 사람 속은 모른다'는 말이 있다. 당신의 가게에서 제공하는 서비스에 대해 고객은 어떤 평가를 하는지 전혀 알 수가 없다. 그러니 당장 매출로 이어지지 않은 고객이라 하더라도 친절한 서비스를 제공해야 한다. 서비스와 매출은 비례한다는 점을 기억하자.

07

가게 매출에
목숨을 걸어라

직장인이 업무를 본다면 성과를 올려야 하고 세일즈맨이 영업을 한다면 실적을 올려야 한다. 일을 한다면 그것에 맞는 결과를 내야 하는 것이다. 기본적인 이치를 알지 못하고 가게를 운영한다면서 바쁘게 움직이지만 정작 수익을 남기지 못하는 경우가 많다.

국수와 김밥이 주 메뉴인 식당이 있었는데 주로 배달을 전문으로 하는 곳이었다. 그곳은 비빔국수의 맛이 일품이어서 장사가 꾸준히 잘되었다. 부부가 운영하는 식당으로 아내가 오토바이를 타고 배달을 했는데 배달 음식인데도 불구하고 국수 가격은 일반 음식값의 반값 수준이었다. 저렴하게 음식을 팔면서 배달을 하고 또 그릇을 수거하러 가는 일이 힘들어 보였다. 박리다매라고 해서 저렴하게 많이 팔면 얼마 정도의 이익은 남겠지만 나이대가 있는 여성이 배달 일을 하는 것은 노동이 많이 필요한 일이기 때문에 좋은 조건은 아니라고 생각한다.

지역과 상권에 따라서 가게를 운영하는 조건은 다르겠지만 중년 여성이 국수 한 그릇을 팔기 위해서 오토바이로 먼 곳까지 배달하는 것은 비효율적이라는 생각이 들었다. 현재 매출을 올리는 그 방법보다는 아내의 음식 솜씨가 뛰어나니 가게를 깨끗하게 리모델링해서 배달보다는 한식 위주로 장사를 하면 좋겠다는 생각이 들었다. 그렇게 하는 것이 고생은 덜 하면서 매출 단가는 더 높은 음식을 판매할 수 있을 것 같아서였다. 친분이 있는 사이가 아니었기 때문에 의견을 전달할 방법은 없었고 생각에만 그쳤다.

어느 날 그 식당에 리모델링을 한다는 안내 문구가 가게 문 앞에 붙여져 있었다. 알고 봤더니 가게 사장님이 배달 음식이 주 메뉴가 아닌 일반 음식점으로 다시 개업한다고 했다. 개업하고 나서 그곳에 밥을 먹으러 가 보았는데 기존의 배달 음식보다 판매 단가가 높았고 고객도 많았다. 날이 갈수록 장사가 잘되었고 점심시간에는 전화로 미리 예약을 해놓아야 빨리 먹고 나올 수가 있을 만큼 많은 고객이 찾는다. 식사시간에 테이블 회전수만 보아도 가게 매출은 예상컨대 예전보다는 두 배의 매출을 올리고 있는 것으로 보였다.

작은 가게를 운영한다면 매출을 올릴 수 있는 방법에 중점을 두어야 한다. 사람들은 가게가 바쁘면 당연히 장사가 잘되어서 매출을 많이 올리고 있다는 착각을 하는 경우가 많다. 실제로 바쁘면서 억대의 매출을 올리고 있는 가게들이 있는 반면에 매출에는 영향이 없는 일들로 바쁜 가게도 많다. 누구든지 대박 나는 가게를 만들어서 억대의 매출을 올리고 싶어 할 것이다. 생산성 없는 일에 치중하기보다는 매출을 올릴 수 있는 방법을 궁리해 보는 것이 어떨까?

대형마트에 가보면 계산대 옆 매대에 초콜릿이나 사탕, 생수 등을 진열해 놓은 것을 보았을 것이다. 사람들이 계산을 하기 위해 줄을 서서 기다리는 동안 낮은 금액의 식품을 카트에 쉽게 담게 하기 위한 마케팅 전략이다. 더 많은 매출을 올리기 위해 고안한 방법이다. 요즘은 식당에 가도 비슷한 경우가 많다. 고객들이 음식을 먹고 나오면서 후식으로 구매하기 좋은 아이스크림이나 껌 등을 계산대에서 판매하는 음식점과 건강한 이미지의 음식인 두부나 감자로 만든 비스킷을 판매하는 곳이 많다. 음식점이지만 부수적으로 매출을 올릴 수 있는 방법을 찾은 것이다.

갇혀 있는 사고방식으로는 억대 매출을 만드는 가게를 만들기가 어렵다. 손두부 음식점을 운영한다고 가정하면 고객들이 음식 맛을 보고 고소한 맛에 반해 집에서도 먹을 수 있겠다고 생각하는 사람이 있을 것이다. 그들을 위해서 집에서 손쉽게 조리할 수 있는 손두부와 양념장을 판매한다면 그것 또한 매출을 올리는 한 가지 방법이 될 것이다. 매출을 올릴 방법이 무엇인지를 항상 고민한다면 분명 떠오르게 마련이다. 그렇기 때문에 열린 생각을 가지고 가게 운영을 해야 하는 것이다.

　쇠고기 음식점이라고 해서 고기만 판매하지 않는다는 것을 알 것이다. 사골국과 쇠고기를 넣은 된장찌개도 판매한다. 나는 집에서 직접 음식을 만들어 먹는 것이 서툴러서 친정에 갈 일이 있으면 항상 엄마가 만들어 놓은 반찬과 국을 가지고 온다. 국을 오랫동안 먹기 위해 얼려놓고 먹을 때도 많다. 어느 날 엄마가 어느 쇠고기 집에서 판매하는 팩에 담긴 얼린 사골국을 사다 주셨다. 직접 냉동시키는 수고로움을 덜 수 있고 언제든지 해동해서 먹으면 되었기 때문에 간편하다는 생각이 들었다. 그래서 그 식당을 지날 때마다 얼려놓은 사골국을 사가지고 온다. 쇠고기를 사 먹으러 식당에 가는 일은 가끔 있는 일이지만 사골국은 자주 사 먹게 된 것이다. 이런 경우처럼 부수적으로 매출을 올릴 수 있는 방법을 적극적으로 찾는 것이 중요하다.

　옷 가게라고 해서 옷만 판매하지 않는다. 액세서리와 신발 그리고 가방도 같이 판매하여 매출을 증대시킨다. 아웃도어 매장은 등산복뿐만 아니라 등산에 필요한 모든 것을 판매한다. 가방과 신발은 기본이고 등산 장비, 속옷까지 판매한다. 한 발 더 나아가서는 캠핑에 필요한 장비까지도 판매하면서 매출을 올린다. 미용실은 어떤가? 고객이 머리를 자르거나 펌을 하고 난 후에는 미용사가 에센스를 발라주면서 말한다.

　"펌을 하고 나면 머리카락이 손상이 잘 되기 때문에 에센스를 발라주면 손상을 줄일 수가 있어요. 그리고 펌도 오랜 기간 지속시킬 수 있어요."

이 말을 들은 여성이라면 10명 중에 5명은 아마 미용실에 진열해 놓은 에센스를 구입할 것이다. 그렇게 해서 고객에게 머리 손질을 해준 비용뿐만 아니라 미용 재료를 판매함으로써 또 다른 매출을 발생시키는 것이다.

동네에 있는 가게들을 유심히 살펴보자. 관심을 가지고 관찰하다 보면 당장 자신의 가게에 응용하여 매출을 올릴 수 있는 부분이 많이 보일 것이다. 가구점에서는 침실 가구를 구입하는 고객이 함께 구입할 수 있도록 인테리어용 액자나 스탠드를 진열해 놓아서 가구와 조화를 이뤄놓은 것을 보았을 것이다. 빵집에서 빵만 파는 것이 아니라 식빵에 발라먹는 잼과 우유 그리고 커피를 판매한다. 이런 점들을 응용해서 접목시켜 보면 당신의 가게에도 부수적인 매출을 올릴 수 있는 방법은 상당히 많다. 부수입으로 매출을 증대시키는 방법뿐만 아니라 운영하고 있는 가게에 대한 점검을 한번 해보자. 음식점은 더 맛있게 만들어서 판매할 수 있는 방법을 연구해서 매출을 올리는 것에 노력을 기울여야 한다. 상품을 판매하는 상점이라면 더 좋은 상품을 판매할 수 있는 방법을 모색해야 할 것이다. 기본적인 것을 갖추어 놓고 부수입으로 올릴 방법을 고민한다면 대박 나는 가게의 주인공은 당신이 될 수 있다.

감기약을 사기 위해서 약국에 들렀는데 건강과 관련된 상품뿐만 아니라 처음 보는 상품들이 눈에 띄었다. 집 인테리어를 한 지 얼마 되지 않았기에 마감재 냄새가 심하게 났다. 그래서 냄새를 뺄 수 있는 방법을 고민하던 찰나에 약국에서 피톤치드향의 스프레이를 팔고 있는 것을 보고는 구입한 일이 있었다. 뿐만 아니라 젊은 사람들이 좋아할 만한 상품들이 많이 진열되어 있었다. 일본 여행을 가면 꼭 하나씩 사온다는 상품도 있었고 여러 가지 신기한 상품들이 많았다. 약국의 이미지를 생각하면 무거운 분위기이지만 그곳은 보물찾기 하는 곳처럼 신선한 이미지로 다가왔다. 그런 이유에서인지 감기약을 짓는 몇 분 남짓한 동안 고객들은 끊임없이 들어왔고 약국 곳곳을 구경하고 또 구입하는 모습을 보았다.

이렇듯 잘되는 가게는 이유가 있다. 하나만 바라보는 갇혀 있는 생각이 아닌 열려 있는 마음으로 가게를 운영하면 매출을 몇 배로 올릴 수 있는 방법이 보인다. 바쁘게만 일하지 말고 가게 매출을 올리는 것에 목숨을 걸어보자.

08

꿈의 크기가
매출을 결정한다

주위를 둘러보면 직장에서 높은 지위를 가진 사람이나 돈을 많이 벌어 부자가 된 사람을 본 적이 있을 것이다. 그런 사람과 그렇지 않은 사람의 차이는 무엇이라고 생각하는가? 높은 지위를 가진 사람은 열심히 공부했기 때문에 승진할 수 있었고 부자가 된 사람들은 부지런히 일했기 때문에 부자가 되었다고 생각하는가? 그들이 성공할 수 있었던 이유는 그것만이 전부가 아니다. 좋은 회사에 입사해서 직장인이 되는 것에 그치는 것이 아니라 더 높은 지위까지 올라가고자 하는 큰 꿈이 있었기에 가능했다. 부자가 되기 위해서는 집 한 채 얻을 만큼의 돈을 모으겠다는 꿈을 꾼 것이 아니라 대대손손 자신의 가난을 물려주는 대신 더 많은 재력을 쌓아야 되겠다는 큰 꿈이 있었기 때문에 가능했다는 말이다.

현재 상황이 절망적이거나 가게의 매출이 저조해서 힘들다면 원대한 꿈을 가지는 것이 우선이다. 큰 꿈을 가진 사람과 그렇지 않은 사람이 보내는 하루는 무척 다르다. 꿈을 크게 가진 자는 자신이 원하는 일을 이루기 위해서 열정적으로 일한다. 나태해지더라도 자신이 꾸고 있는 큰 꿈을 생각할 때 열심히 살아갈 힘을 얻게 되는 것이다.

시내의 어느 아파트 단지 내에 단골 안경 가게가 있다. 다른 곳에 비해 가격이 저렴하고 무엇보다 안경테의 디자인을 세련된 것으로 많이 구비해 놓았기 때문에 남편의 단골가게가 되었다. 개업한 지는 2년 남짓 되지 않았지만 안경을 맞추러 갈 때마다 늘 고객들로 붐볐다. 사장님의 친절한 서비스가 대박 나는 가게를 만드는 것에 한몫했으리라 생각된다. 안경을 맞추면서 사장님과 가게에 대한 이야기를 나누게 되었다.

"개업한 지 얼마 되지 않았는데 고객이 꽤 많네요. 올 때마다 많이 기다려야 되는 것을 보니 장사가 잘되시는 것 같아요."

"저는 원래 다른 안경점에서 직원으로 일했어요. 그런데 제 가게를 개업하면서 생각했죠. 이 아파트 단지에 입주해 있는 1,800세대 중 안경을 쓰는 사람은 모두 제 가게에서 안경을 맞추게 하겠다는 꿈을 가졌습니다. 그런 꿈을 꾸니까 고객들에게 친절한 서비스로 다가가게 되었고 더 많이 소통하려고 애썼습니다. 그 덕분인지 단골고객이 꾸준히 늘어나고 있어요."

사장님의 진심을 고객들이 느껴서일까? 단골고객은 늘어나고 신규 고객 또한 많이 찾는 가게가 되었다고 한다. 이 말을 들으니 꿈의 크기가 매출에 얼마나 많은 영향을 미치는지 실감할 수 있었다. 안경점 사장님이 단지 가족이 먹고살 만큼의 돈을 벌겠다는 생각만으로 안경점을 개업했다면 어떻게 되었을까? 동네 어느 곳에서나 볼 수 있는 작은 안경점에 지나지 않았을 것이다. 큰 꿈을 꾸는 순간 가게를 경영하는 마인드가 달라지는 것이다. 꿈을 이루겠다는 생각을 하게 되면 고객에게는 더 친절한 서비스를 제공하게 되고 가게 매출을 올리는 방법을 고민하게 된다.

꿈의 크기에 따라서 가게 매출은 현상 유지를 할 수도 있고 혹은 몇 배로 올릴 수도 있다. 꿈이 있는 사람과 없는 사람이 삶의 일상이 다르듯 꿈의 크기 역시 미래를 결정짓는 중요한 요소가 된다. 서울대학교를 목표로 공부한 학생과 지방의 국립대학교를 목표로 공부한 학생의 차이는 무엇일까? 서울대학교를 목표로 공부를 했지만 최종적으로 그곳에 갈 수 있는 성적이 나오지 않더라도 서울의 유명한 사립대학에는 합격할 가능성이 있다. 그러나 지방의 국립대학교를 목표로 공부한다면 여전히 지방에 소재한 대학교에 입학할 가능성이 높은 것이다. 이는 꿈의 크기가 자신이 도달할 수 있는 범위를 정해준다는 말이다. 꿈을 크게 꾼다고 해서 다 이루어지는 것은 아니다. 그러나 최소한 자신의 꿈을 이루기 위해서 그것에 맞는 노력을 할 것이다. 먹고살 만하면 된다는 생각으로 가게 운영을 한다면 생계를 이어갈 정도의 매출은 올릴 것이다. 그러나 가게를 성공시켜서 체인점으로 만들겠다는 큰 꿈을 가진다면 가게를 운영하는 자세부터 다르다. 꿈을 이루겠다는 생각으로 어떠한 역경도 견디며 성공하는 길로 나아갈 것이기 때문이다.

실직한 후 생계 방안으로 작은 식당을 개업한 B씨가 있다. 가장인 그는 한 달 생활비라도 벌었으면 좋겠다는 마음으로 가게를 시작했다. 한 달에 최소한의 매출만 올려도 좋겠다는 생각으로 가게를 운영하니까 열정적으로 일에 임하지 않게 되었다. 단골고객을 만들려는 노력을 하거나 음식점이니 만큼 가게의 특색 메뉴를 개발하려는 의욕조차 없으니 개업한 지 1년도 채 되지 않아서 가게 문을 닫게 되었다.

1년도 안되어서 다시 실직자가 된 B씨의 문제가 뭐였을까? 처음부터 큰 꿈을 가지지 않고 소극적인 자세로 가게를 시작했기 때문이다. 그가 만약 꿈을 크게 가지고 가게를 운영했더라면 하루 24시간이 모자란 듯 자신의 일에 열정을 가졌을 것이다. 그러니까 밑져야 본전이라는 생각으로 큰 꿈을 가져보자. 체인점을 만들어서 전국은 물론이고 해외까지 진출하겠다는 원대한 꿈을 가지고 일한다면 해외 진출할 가능성도 충분히 있지만 적어도 전국 어디에서나 당신 가게의 체인점을 볼 수 있는 날이 올 것이다. 그러나 B 사장처럼 소박하게 생각하며 일을 한다면 여전히 매출난에 허덕이고 있을 것이다. 어떤가? 이래도 소박한 꿈을 꾸며 내일은 얼마나 벌 수 있을지를 걱정하는 인생을 살고 싶은가?

이 책을 펼친 당신은 대박 나는 가게로 성공시킬 충분한 조건을 갖추고 있다. 의욕이 충만하고 충분히 열정적이라 생각한다. 그러니 '남들 하는 만큼만 고객을 유치하자'라든지 '경쟁 가게 만큼만 매출을 올리자'는 생각은 버려라. 당신의 꿈을 재정비하는 시간을 가지고 자신이 도달할 수 있는 단계보다 더 높은 곳을 바라보도록 하자. 당신은 충분히 해낼 수 있다. 꿈을 이루고 말겠다는 열정으로 일을 한다면 당신이 생각하는 그 이상의 능력을 발휘할 수 있을 것이다. '내가 목표로 하는 큰 꿈' 하나만을 생각하면서 대박 나는 작은 가게를 만들어 가보자.

Chapter 5

작은 가게로
시작해서
크게 키워라

장사 고수의 비법 노트

1. 처음은 작은 가게로, 꿈은 크게 가져라.

2. 상황 탓, 환경 탓, 사람 탓 하지 마라. 모든 것이 사장 탓이다.

3. 미쳐야 성공한다.

4. 운을 깎아먹는 행동에 조심하라. 성공도 운이다.

5. 고객이든 직원이든 사람을 귀하게 여겨라.

01

불경기일수록
작은 가게가 유리하다

불경기라는 말이 나오기가 무섭게 폐업하는 가게가 속출하고 있다는 뉴스 보도가 나고 직장인들의 월급은 감봉된다는 이야기가 들려온다. 경기가 어려울수록 사람들의 소비심리는 움츠러들게 마련이다. 직장인이라면 직장에서 자신의 자리가 위태해질 수 있는 상황이 언제든지 생길 수 있다. 그렇기 때문에 아낄 수 있을 때 아끼고 돈을 모을 수 있을 때 모아 놓자고 생각하는 사람들이 많다.

경기가 어려워도 학구열에 불타는 학부모는 아이 과외비를 줄여서 돈을 아껴야 된다고 생각하지 않는다. 오히려 아이에게 투자하는 돈은 아끼지 않는다. 한 달 생활비는 한정되어 있지만 자녀교육만큼은 아낌없이 투자하는 반면 제일 먼저 줄이는 항목은 무엇일까? 바로 식비와 의복비일 것이다. 쇠고기 먹으러 가는 것을 대신해서 돼지고기를 먹으러 가거나 혹은 외식하러 나가는 것을 대신해서 배달 음식을 시킨다. 고급 브랜드 의류를 구입하는 대신 중저가 브랜드의 의류로 구매할 것이다. 이처럼 불경기라는 것을 체감하게 되면 제일 먼저 사람들은 불필요한 지출을 줄이자는 생각을 한다는 것이다.

나는 결혼하기 전 한동안은 주말에 거의 부모님과 시간을 보냈다. 이십 대일 때는 친구들을 만나 시내에서 영화 보고 밥 먹고 커피 마시며 수다 떠는 것이 마냥 좋았다. 그러나 삼십 대가 되니 부모님과 보내는 시간이 더 편하고 의미 있게 느껴졌다. 아버지는 주말에 운동하러 나가시거나 지인분의 경조사로 바쁘신 날이 많아서 주로 엄마와 많은 시간을 보냈다. 엄마와 나는 둘이서 사우나를 하러 가거나 쇼핑을 하러 다녔다. 필요한 것이 없어도 구경하는 것이 좋아 대형 쇼핑몰로 구경을 가곤 했었다. 그날도 다른 날과 마찬가지로 사우나를 갈지 쇼핑을 하러 갈지 고민을 하고 있었다.

"엄마, 구경도 할 겸 백화점에 쇼핑하러 가요."

"요즘 경기가 너무 안 좋고 내년에는 더 심하다고 하니까 아낄 수 있을 때 아끼자."

쇼핑은 당분간 하지 말자고 하시는 거였다. 아마 다른 사람들도 비슷한 생각을 할 것이다. 불경기일 때에는 불필요한 지출을 처음부터 차단하는 것이다. 경기가 어려우면 직장인들의 소비 습관도

달라진다. 퇴근 후 호프집이나 근사한 술집에서 술 한잔 기울이는 일도 경기를 타게 되면 회사 근처 포장마차나 집 근처 작은 가게에서 회포를 풀게 된다. 직장에서는 감봉이니 희망퇴직이니 하는 말들이 나오고 집에서는 한창 커가는 아이들이 있는데 돈을 허투루 쓸 수가 없는 것이다.

피자가 먹고 싶은 날이 있었다. 유명 브랜드의 피자가 먹고 싶어서 시내에 가서 먹을 생각이었다. 그런데 시내까지 가려면 차를 타고 가는 경비와 피자뿐만 아니라 그 외 샐러드나 음료도 사 먹어야 하기 때문에 동네에 있는 피자 가게에서 배달시켜 먹는 것보다 두 배 이상의 경비가 들었다. 다니던 직장에서는 연말에 손익이 나지 않으면 상여금을 줄인다는 말이 나돌고 있으니 아낄 수 있을 때 아끼자는 생각이 들었다. 그래서 먹고 싶었던 유명 브랜드의 피자를 먹는 걸 포기하고 동네에 있는 피자 가게를 이용했다. 경기가 어려울수록 자신의 소비 습관을 점검하게 되고 심지어 먹고 싶은 음식이 있다면 그것을 대체할 것을 찾아 지출을 줄이는 노력을 한다.

무리해서라도 큰 가게를 내는 것보다는 고객들이 지갑을 부담 없이 열 수 있는 작은 가게로 성공을 움켜쥐어야 한다. 불경기일수록 꼭 필요한 것이 아니면 최대한 지출을 줄인다는 그들의 소비 습관을 안다면 크고 화려한 가게보다는 작지만 알찬 가게가 유리하다는 것을 알 수 있을 것이다.

1인 창업가로 유명한 최정훈 대표가 있다. 그는 대학졸업 후 취업하는 대신 성공한 사업가가 되겠다는 꿈을 안고 사업을 시작했다. 화려해 보이는 대형 프랜차이즈점을 냈지만 수익이 날 만큼의 매출이 오르지 않았기 때문에 1년도 되지 않아서 가게를 정리했다. 한 번이 아닌 무려 다섯 번이나 프랜차이즈점을 개업했지만 다섯 번 모두 폐업하는 일을 겪었다고 한다. 마지막이라는 생각으로 1인 창업을 시작했고 지금은 억대 연봉을 벌고 있는 어엿한 능력 있는 사장님이 되었다. 불경기일수록 큰 가게보다는 작지만 알찬 가게가 더 유리하다는 것을 보여주는 사례이다. 큰 가게를 운영한다고 해서 작은 가게를 운영하는 것보다 더 많은 매출을 올리는 것도 아니고 대박 나는 가게를 만들 수 있는 지름길도 아니다. '작은 고추가 맵다'는 속담이 있지 않은가? 작은 가게이지만 잘 운영한다면 불경기일지라도 대박 나는 가게의 대열에 들어설 수 있을 것이다.

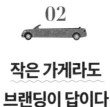

02

작은 가게라도
브랜딩이 답이다

유명한 국수 가게가 하나 있다. 지역에서 유래된 고유의 국물맛과 메밀로 만든 면으로 국수를 만드는 가게이다. 일반 국수와는 다른 감칠맛을 내기 때문인지 날이 갈수록 장사가 잘되었다. 프랜차이즈를 만들면서 지금은 전국적으로 꽤 유명한 식당이 되었다. 본점인 그 식당은 주말이 되면 고객들로 발 디딜 틈이 없고 번호표를 받고 밖에서 기다려야 먹을 수 있을 정도이다.

처음에는 이 국수 가게도 어느 동네에서나 볼 수 있는 작은 가게에 불과했다. 그러나 특별한 국수 맛을 접해본 고객들이 입소문을 내면서 장사가 잘되기 시작한 것이다. 물론 입소문뿐만 아니라 사장님의 장사 전략이 가게를 크게 만드는 것에 일조를 했다. 값비싼 음식이 아닌 국수 한 그릇을 파는 작은 가게였지만 특별한 국수 맛이 알려지면서 브랜딩을 시키는 것에 성공했고 고객이 먼 거리도 마다하지 않고 일부러 찾아오는 가게로 만들었다. 국수 가게처럼 작은 가게라도 브랜딩시키면 고객들이 알아서 찾아오는 가게가 될 수 있다는 것을 보여준다.

가게를 브랜딩시키는 방법으로는 프랜차이즈를 만드는 것 외에도 얼마든지 있다. 다른 가게와 차별되는 점이나 특별한 점을 부각시키는 것이다. 고객들에게 과하게 포장해서 알리라는 뜻이 아니다. 다만 그들에게 음식이 단순히 맛있다는 포괄적인 홍보가 아니라 어떤 방법으로 특별한 맛을 내게 되었는지를 알리는 것 또한 브랜딩이 될 수 있다는 것이다. 예를 들면, 빵 가게에서 일반 밀가루로 만든 빵이 아닌 철학과 노하우가 담긴 효모 빵을 만들어 판다고 가정하자. 고객의 건강과 아이들에게 안전한 먹을거리를 제공하기 위해서 숙성시켜 만든 효모 빵이라는 점을 고객들에게 알리라는 것이다.

유명한 보쌈 전문점이 있다. 전국적으로 245개가 넘는 체인점을 가진 이 식당도 처음엔 동네의 작은 가게에서 시작했다. 사장님만의 특별한 비법으로 음식을 만들었고 그것을 먹어본 고객들에 의해 입소문 나면서 가게는 점점 확장되어 갔다. 브랜딩시키기 위해 맛의 획일화를 위한 조리법을 시스템화하면서 큰 규모의 가게로 성장한 것이다. 브랜딩을 시키기 위해서는 주먹구구식으로 운영해서는 안 된다. 체계적인 시스템을 갖추어 나갈 때 제대로 된 브랜딩이 될 수 있다.

　고객은 가게에서 홍보하지 않는 이상 다른 가게와 차별되는 점이 무엇인지 알지 못하는 경우가 많다. 그렇기 때문에 특별한 점이 있다면 그들이 알 수 있도록 브랜딩시켜야 하는 것이다. 당신의 목표가 작은 가게에서 먹고살 만한 정도의 매출을 올리는 것이 아니지 않는가? 작은 가게이지만 브랜딩시켜서 대박 나는 가게가 되고 억대의 매출을 올리는 것이 모든 자영업자들의 바람일 것이다. 브랜딩시키기 위해서 고객에게 줄 수 있는 최고의 가치를 한번 찾아보자. 자신의 철학이 담긴 차별되는 서비스일 수도 있고, 특별한 물건을 판매하는 것이 될 수도 있다. 그런 특별한 가치를 찾는다면 브랜딩시킬 수 있는 기회가 생길 수 있다. 만약 특별한 점이 없다면 고객들을 유심히 관찰해 보자. 관찰을 통해 그들을 위한 서비스를 새롭게 제공하는 기회가 될 수도 있고, 제품을 판다고 가정하면 제품에 특별한 기능을 더해서 그들의 욕구를 만족시키는 상품을 만들 수도 있다. 누군가가 당신의 가게를 알아주기만을 손 놓고 기다리는 것보다 브랜딩시켜서 고객들에게 알리는 것이 더 빠른 방법일 것이다.

　브랜딩을 시켜서 고객들에게 알리는 또 다른 방법으로는 어떤 것이 있을까? 요즘 누구나 쉽게 할 수 있는 SNS 마케팅이나 블로그 등 인터넷으로도 적은 비용을 들이고 충분히 알릴 수 있다. 그러나 자신의 가게에서 팔고 있는 상품이나 음식뿐만 아니라 가게를 운영하는 철학까지 알려서 고객들에게 좋은 이미지를 심어 주는 방법이 있다. 바로 책 쓰기이다. 서점에 가보면 카페나 옷 가게 관련하여 자신의 사업 노하우와 철학을 담은 책들을 접할 수 있다. 작은 가게에서 시작했지만 책 쓰기를 통해 가게를 더 알리게 된 경우가 많다.

가게를 끊임없이 고객들에게 노출시키고 알려야 브랜딩이 될 수 있다. 책을 써서 자신이 가게를 운영하는 노하우와 사업 철학을 그 속에 담아보자. 나 역시도 내가 물건을 샀던 가게와 음식을 먹었던 가게에서 경험하고 서비스를 받았던 사례를 책 속에 담았다. 책 속에 다양한 사례를 넣어 작은 가게를 시작하려는 사람이나 자영업을 하고 있지만 운영이 잘 되지 않는 사람들에게 도움을 주기 위해 책을 썼다. 당신도 당신의 가게에만 있는 특별한 점을 찾아서 책을 써라. 그렇게 한다면 당신의 가게는 자연스럽게 브랜딩이 될 것이고 업계에서 전문가라고 인정해 줄 것이다. 실제로 책을 쓴다는 것은 그 분야에 자신 있다는 뜻이 되기도 한다.

크게 시작하지는 않지만 작은 가게를 운영하더라도 자신의 가게에서 파는 상품이나 음식의 특별한 점을 고객들에게 알려주어 브랜딩을 시키도록 하자. 그렇게 한다면 자신이 생각하는 것보다 많은 매출을 올리며 작지만 알찬 가게가 될 수 있을 것이다.

03

딱 1년만
가게에 미쳐라

성공한 이들을 보면 흔들림 없이 꾸준하고 묵묵히 자신의 길을 걸어 온 사람들이 많다. 그들처럼 그 꾸준함에 열정과 신념을 더해서 1년 동안 가게 일을 해본다면 어떻게 될까? 가게를 시작하기 전과 1년 후의 상황은 현저히 달라져 있을 것이다. 자고 일어났더니 하루아침에 백만장자가 되는 일은 없을 것이고 작은 가게가 대기업에 육박하는 큰 기업으로 갑자기 성장하는 일도 없을 것이다. 성장하기 위해서는 시간이 필요하고 그 시간에 열정을 바치는 대가가 필요한 것이다.

대기업으로 성장시킨 최초의 창업자들도 처음에는 힘든 시기가 있었고 성공하기까지 시간이 필요했다. 그동안 옆에서 보는 사람들이 무모하다고 할 정도로 자신의 일에 매달렸기 때문에 지금의 회사를 만든 것이다. 가게를 시작했다면 열정적으로 1년 동안 그 일에 미쳐보자. 어떤 고난이 닥쳐오더라도 자신을 믿고 후회를 남기지 않겠다는 각오를 하면서 일에 덤벼보자.

회사에 입사한 신입사원이 재벌 2세가 아닌 이상 며칠도 되지 않아서 갑자기 대리나 과장으로 진급하는 일은 없다. 갓 입사한 신입사원은 한동안 업무를 배운다. 베테랑인 직장 선배에게 일을 배우면서 시행착오를 겪어 나간다. 그런 시간을 겪으면서 유능한 직장인으로 성장하는 것이다.

당신은 월급날만 되면 월급이 꼬박꼬박 나오는 직장이 아닌 전쟁터나 다름없는 작은 가게를 시작했거나 혹은 시작할 것이다. 자신의 능력으로 돈을 벌고 생계를 책임질 가게에서 오직 1년만 헌신해보자. 일을 배우고 시행착오를 겪어나가면서 온갖 일을 겪는 동안당신의 마인드뿐만 아니라 가게 매출도 지금과는 많이 달라져 있을 것이다. 당신의 마인드는 전문 경영인에 버금가는 책임감을 장착할 것이고 가게의 매출도 점점 상승세를 타게 될 것이다.

딱 1년만 당신의 가게가 전문성이 돋보이는 가게로 거듭날 수 있도록 가게 일에 미쳐보자. 누구나 처음 가게를 시작한 사람이라면 어설픈 점이 많다. 고객들이 보기에는 사장이 계산기를 두드리는 것도 어색해 보이고 물건을 쇼핑백에 담아주는 것조차도 어설프게 보인다. 처음이라서 어색한 행동들을 좀 더 전문성이 돋보이도록 단련시키라는 말이다.

 식당을 개업하면 처음 한동안은 고객이 주문한 음식 하나를 만드는 것에도 적지 않은 시간이 소모될 것이다. 손과 발이 가게 일에 익숙하지 않은 상태이기 때문이다. 그러므로 처음부터 돈을 벌겠다는 생각보다 음식 맛을 더 좋게 하는 비법을 연구하거나 좋은 품질의 물건을 판매하는 것에 1년간 공을 들이자는 것이다. 눈앞의 현실이 아닌 미래를 보고 가게 운영을 한다면 당장의 이익보다는 1년 동안은 고객에게 어떻게 다가가는 것이 좋은 방법인지, 어떤 서비스를 제공해야 하는 것인지에 더 많은 고민을 할 수 있을 것이다.

 내가 마트 업무를 처음 봤을 때의 일이다. 그때가 봄이었는데 고객들이 캔 커피를 박스로 많이들 사갔다. 그런데 캔 커피 한 박스라고 해봤자 돈 만 원이 채 되지 않았다. 나는 매출을 좀 더 올리고 싶은 마음에 커피 단가를 조금 더 올려서 받았다. 캔 커피를 주기적으로 구입하는 고객이 몇 분 있었는데 어느 날부터 그들이 더 이상 캔 커피를 구입하러 오지 않는 것이었다. 의아한 마음에 어떤 고객에게 물어보니 다른 마트보다 커피 값이 비싸기 때문에 다른 곳에서 구입한다는 것이었다. 단지 매출을 올리고 싶은 마음에 내 마음대로 커피 단가를 조정했던 것이 큰 실수라는 것을 그때 알았다. 상품 가격을 올리더라도 다른 경쟁 업체와 다른 상황을 생각해가면서 조정을 했어야 하는데 경험이 없었던 나는 그 사실을 간과했던 것이다. 그 고객은 다른 마트를 이용하면서 필요한 다른 물품도 함께 구매할 것이다. 그런 점을 생각해 볼 때 나는 단골고객을 놓친 것이나 다름이 없었다. 시급히 커피 단가를 원래대로 조정했고 우여곡절 끝에 그 고객을 다시 단골고객으로 되돌릴 수 있었다. 깊이 생각하지 않고 매출을 올리려고 했던 일이 단골고객을 놓칠 뻔한 일이 되었던 것이다. 업무에 대한 파악이 정확하게 되지 않은 신규 직원 때의 일이었지만 1년이 지난 후에도 비슷한 실수를 한다면 자질이 없거나 혹은 무능력한 직원이라는 평가를 받았을 것이다. 이래서 시행착오를 겪어나가는 1년이라는 시간 동안 일에 미친다는 것이 중요한 것이다. 1년이란 시간이 앞으로 당신의 능력을 키워나갈 자양분이 될 소중한 시간이기 때문이다.

처음 하는 일이라면 이런 시행착오를 많이 겪는다. 접해보지 않았던 일이고 운영자로서 처음 가게를 개업한 것이라면 시행착오를 겪어 나가면서 성장할 수밖에 없다. 그렇기 때문에 무조건 처음 1년은 배운다는 생각으로 가게 일에 미쳐야 한다. 놀고 싶을 때 놀면서 1년이라는 소중한 시간을 가게에서 단지 시간 떼우는 일은 하지 말아야 한다. 가게 일에 치열하게 부딪히고 막다른 골목에서 더 이상 나아갈 때가 없다는 각오를 하고 자신을 바쳐야 한다. 실패하게 되더라도 자신에게 남는 것이 많다. 열심히 일한 만큼 어떤 일이든 할 수 있겠다는 자신감이 생기고, 치열하게 준비한 만큼 넘어져도 일어설 수 있는 힘이 생긴다. 1년 동안 치열하게 일에 매달리는 대신 시간만 보냈다면 남는 것도 없고 얻는 것도 없다. 그러니 1년이란 시간 동안 성공과 실패를 떠나서 자기 자신과의 싸움에서 이기라는 말이다.

내가 농협에 입사하고 처음 2년은 마트 업무를 담당한 후에 본격적으로 은행의 창구 업무를 보게 되었다. 업무 경력에 커리어를 쌓을 수 있는 일에 첫 도전을 한다는 설렘보다는 한 번도 해보지 않았던 일을 시작한다는 두려움이 컸다. 그렇지만 앞으로 계속해야 하는 업무이기에 두려움을 떨치고 업무를 배우기 시작했다. 고객을 상대하는 일이고 돈과 관련된 업무이기 때문에 언제 무슨 일이 발생할지 모르는 일이었다. 처음 석 달 동안은 내가 접하지 못했던 어려운 일이 갑자기 발생할까 봐 노심초사하며 보냈다. 하지만 일에 직접 부딪혀 보니 그렇게 걱정할 일도 일어나지 않았고 어려운 일도 없었다. 모르는 일이 생기면 물어서 처리하고 배워나간다는 생각으로 일을 접하니까 마음이 편해졌다.

상사에게 한 번 배운 업무를 두 번 이상 물어보는 것은 실례이고 일에 임하는 자세가 아닌 것 같아서 노트에 필기하며 배웠다. 그런 방법으로 한 번 접해본 업무는 내 것으로 만들었다. 퇴근 후에는 필기한 내용을 보며 혼자서 시뮬레이션하면서 익혔다. 1년이란 시간 동안 부딪히고 깨지면서 일을 배워나가니 어느덧 일의 능률이 많이 올라 있었다. 상사에게 베테랑이라는 칭찬까지 들었다. 그 이후로는 어떤 고객이 오더라도 그리고 어떤 어려운 업무가 생기더라도 자신감을 갖게 되었고 전혀 두렵지가 않게 되었다. 그래서 처음 1년이란 시간이 중요한 것이다. 가게를 개업한 1년은 일이 서툴러도 익숙해지기까지는 시간이 필요할 것이라는 생각으로 고객들도 이해할 것이다. 그렇지만 그 후에도 발전 없이 똑같은 상황이 계속된다면 그 가게가 대박 나는 가게가 될 수 있을까? 가게를 시작하기 전에는 분명 '나도 대박 나는 가게를 만들 것이다'라는 패기로 시작했을 것이다. 성공하고 싶은 욕구가 있고 가게가 잘되어서 삶을 변화시키고 싶은 마음이 간절한데 고작 1년의 시간을 가게에 헌신하지 못하겠는가?

오랜 시간 동안 공을 들이라는 말이 아니다. 당신의 가게를 흥하는 가게로 만들기 위해서 고작 1년이라는 시간 동안만이라도 가게에 미치라는 말이다. 그 이후에 가게가 잘되고 있다는 것을 당신이 더 잘 느낄 것이다. 1년 동안 당신이 쏟을 수 있는 정성과 에너지를 모두 투자해 보라. 몇 배의 보상으로 당신에게 돌아올지 모른다. 긴 시간이 아닌 딱 1년이다.

04

돈보다
운을 벌어라

운을 번다는 건 무슨 뜻일까? 간혹 최상의 상품을 판매하지만 자신이 준비한 노력만큼 돈을 벌지 못하는 경우가 있다. 시험도 마찬가지다. 누구보다 열심히 공부를 했지만 시험을 치르던 날 갑자기 아파서 혹은 답안지를 밀려 써서 불합격되는 경우도 많이 있을 것이다. 운이란 것은 단순히 내 실력만 가지고 성과를 내는 것이 아니다. 업종 변경으로 치킨 가게를 열었는데 그해 갑자기 AI가 발생해서 망하는 경우도 있고, 조개구이 집을 열었는데 갑자기 동네에 몇 군데씩 생겨나서 망하는 경우도 있다. 그런 경우 운에 대한 생각을 해 봐야 한다.

우리 주위를 둘러보면 정말 맛있는 음식점인데도 손님이 거의 없는 가게가 있는 반면 음식 맛은 그저 그렇지만 항상 문전성시를 이루는 가게를 본 적이 있을 것이다. 매출이 오르고 손님이 많이 찾아오는 가게를 만들려면 어떻게 해야 할까? 현재 자신의 모습을 점검해 보자. 늘 울상 짓는 얼굴을 하고서 매출이 오르지 않는다며 불황 탓만 하고 있지는 않는가? 불평불만을 입에 달고 있지는 않는가?

늘 부정적인 말을 달고 사는 사람이 있다. 이래서 안 되고 저래서 안 된다며 안 되는 이유가 너무나도 많다. 부정적인 말을 입에 달고 산다면 나쁜 운을 끌어당기는 형국이 되어 손님이 와도 매출로 직결시키지 못하는 경우가 있다. 운은 자기가 만들어 가는 것이다. 긍정적인 생각과 말을 하다 보면 긍정적인 기운이 어느새 당신에게로 오게 되어 있다. 긍정적인 마음가짐이 자신감을 갖게 하면서 가게 운영을 제대로 하며 매출을 올릴 수 있는 것이다.

내가 호주 스시 가게에서 아르바이트 할 때의 일이다. 스시를 만들고 진열하는 일이었다. 스시를 먹어는 봤지만 만들어 보는 것은 처음이었기에 일하는 것이 많이 서툴렀다. 같이 일하는 아르바이트생에게 스시 만드는 법을 배웠지만 비슷한 처지였기 때문에 그녀 역시 주먹구구식으로 배운 방법대로 가르쳐 줬다. 그래서 내가 만드는 스시는 볼품이 없었고 스시의 모양을 제대로 갖추지도 못했다. 나는 스시 만드는 법을 정확하게 알지 못하고 만들어 놓은 것을 보고 흉내만 내고 있었다. 그래서 판매할 때도 맛에 대한 확신을 가지지 못했고 즐겁게 일하지 못했다. 스시 가게는 지점이 4군데

가 있었는데 한 매니저가 지점에 대한 모든 관리를 하고 있었다. 그래서 나는 스시 만드는 법을 다시 제대로 한번 배워보자는 생각으로 매니저에게 교육을 시켜달라고 요청했고 그때서야 제대로 된 스시를 만들 수 있었다. 그날 이후로 나는 원래 출근시간보다 조금 더 일찍 출근해서 스시 만드는 법을 연습했고 제대로 된 스시를 만들어서 진열하게 되었다. 자신감이 생기니 고객에게 적극적으로 권유하며 판매를 할 수 있었다. 적극적인 마인드를 가지니까 오히려 일하러 가는 것이 그렇게 즐거울 수가 없었고 매출 또한 눈에 띄게 늘게 되었다. 자신감 하나로 나는 긍정적인 운을 벌어들였다는 생각을 한다.

자신이 마음먹은 대로 얼마든지 좋은 기운을 끌어당길 수도 있고 또는 나쁜 기운을 끌어당길 수도 있다. 우리는 긍정적인 자세를 가지고 좋은 기운을 끌어당기도록 노력해야 한다. 그렇다면 긍정적인 생각만으로 좋은 운을 끌어당길 수 있을까? 가게에 찾아오는 고객에게는 친절하지도 않으면서 생각만 긍정적으로 한다고 해서 상황이 좋아질 리가 없다. 가게를 운영하는 기본적인 마인드를 갖춰놓고 좋은 운을 끌어당기도록 노력한다면 금상첨화가 될 것이다.

식당에 밥을 먹으러 온 고객에게 반찬을 아끼는 대신 푸짐하게 대접한다면 그것 역시 마음에서 오는 넉넉한 인심으로 좋은 운을 끌어당기는 것이다. 고객에게 눈속임으로 유통기한이 훨씬 지난 식재료로 음식을 만들고 자신의 가족이라면 절대로 대접하지 않을 법한 조리법으로 음식을 만들어서 판매한다면 결국은 나쁜 운을 끌어들이게 된다는 것을 알아야 한다. 그렇기 때문에 좋은 운을 벌기 위한 덕목으로 긍정적인 생각뿐만 아니라 최소한의 양심을 지켜나가면서 가게 운영을 해야 할 것이다.

20년 넘게 운영하고 있는 작은 식당이 있다. 식당 사장님은 한 달에 한 번씩 동네 어르신들에게 식사 대접을 한다. 후원 단체의 도움 없이 사장님의 사비로 봉사활동을 하는 것이다. 부모님을 일찍 여읜 그는 부모님에게 해야 할 효도를 동네 어르신들에게 대신 한다고 한다. 어르신들에게 식사 제공뿐만 아니라 지역 행사가 있을 때에도 아낌없이 후원금을 지원한다. 그의 넉넉한 마음씨 덕분인지 20년 넘는 기간 동안 꾸준한 매출을 올리며 월세로 시작한 작은 가게 사장님은 지금은 어엿한 건물 주인이 되었다고 한다. 야박하지 않은 인심과 주위도 둘러볼 줄 아는 마음이 좋은 운을 벌어들인 것이다. 식당 사장님처럼 봉사활동을 하고 지역 행사 때마다 후원금을 지원해야 잘된다는 뜻이 아니다. 그처럼 자신의 것만 챙기는 것보다 주위를 둘러볼 줄 아는 여유로운 마음을 가지라는 말이다.

사람은 자신이 생각하는 대로 되고 말하는 대로 이루어진다. 현재 당신의 모습도 평소에 생각한 대로 만들어진 모습이다. '나는 힘든 생활고를 겪게 되는 것을 생각한 적이 없는데?' 혹은 '나는 장사가 안되기를 바란 적이 없어'라고 생각하는가? 그렇다면 평소에 내뱉었던 말이나 생각들을 돌이켜 보자. 장사가 너무 안된다며 한탄

하고 있었던 적은 없는가? 그 말 때문이라도 계속해서 장사는 안되는 쪽으로 흘러갈 것이다. 안된다고 생각하는데 잘될 리가 없다. 반대로 잘되고 있다는 확신으로 좋은 상황을 생각하면 당장은 아니더라도 차츰 장사가 잘되는 상황이 만들어질 것이다.

지금 당신이 하고 있는 생각이 얼마나 중요한지 알아야 한다. 부정적인 생각으로 늘 인생의 실패만 맛보았다면 지금부터 긍정적인 생각과 여유로운 마음을 가지고 상황을 역전시켜 보자. 당신도 좋은 운을 끌어당겨 성공한 가게의 주인이 될 수 있다. 그러기 위해서 우리가 내뱉는 말 한 마디의 위력을 알고 좋은 운을 벌어들이는 긍정적인 말을 하는 습관을 기르자. 항상 밝은 얼굴을 하고 고객에게는 최선의 서비스로 보답하자. 그리고 양심적으로 가게를 운영하여 좋은 운을 벌어들이는 노력을 하는 것이 어떨까?

05

결국은
사람장사다

"휴대용 유모차 좀 보여주세요."

"어서 오세요, 고객님. 휴대용이지만 특별히 원하는 기능이 있으신가요?"

"손잡이가 양대면으로 되는 것이면 좋겠어요."

"마침 그 기능이 되면서 튼튼하고 저렴하게 나온 휴대용 유모차가 있어요."

휴대용 유모차를 구입하기 위해 인터넷에서 매장을 검색한 후 1시간가량 차를 타고 유아용품 판매장에 갔다. 큰 매장은 아니었지만 제법 많은 고객들이 있었다. 사장님에게 휴대용 유모차 추천을 받은 후 아이의 안전과 관련된 것이었기에 여러 가지 궁금한 점을 물어봤다. 고객이 많아 바쁜 상황이었지만 그녀는 친절하게 답해 주었다. 귀찮을 법도 한데 질문에 대해 자세하게 대답해준 그녀가 내심 고마웠다. 그리고 마침 내가 원하던 기능의 적합한 상품이 있어서 요리조리 살펴보고 있었다.

"엄마 혼자 아기를 데리고 다니려면 유모차를 혼자 접었다 폈다 할 줄 아셔야 하잖아요. 제가 알려 드릴게요."

"어떻게 사용하는 것인지 궁금했는데 감사합니다."

"당연한 일인 걸요. 이런 식으로 접고 펴시면 돼요. 한번 해 보시 겠어요?"

기계를 조작하고 조립하는 것에 많이 서툰 내가 한 번에 할 수 없자 그녀는 내가 잘할 수 있을 때까지 옆에 서서 자세하게 알려줬다. 유모차를 구입하기로 이미 마음을 먹었다는 것을 그녀는 알았지만 구입한 상품을 더 잘 이용할 수 있도록 고객을 배려해 준 것이다. 그래서 앞으로도 거리가 조금 멀더라도 유아용품에 관한 모든 상품을 판매하는 그곳을 계속해서 이용해야겠다는 생각이 들었다. 이런 것이 사람을 남기는 상사법이다. 고객 입장에서는 자신에게 친절하고 상냥하게 대해주는 가게를 이용하고 싶어 한다. 그리고 단골고객을 만들기 위해서는 인심 좋은 사장이라는 인상을 남겨야 한다. 가게를 처음 방문한 고객에게 마치 단골고객을 대하듯이 말 한마디를 하더라도 친근하게 하는 것이 좋다. 고객을 부르는 호칭에도 각별한 신경을 쓴다면 금상첨화일 것이다. 나이 든 중년 여성에게 아줌마라는 호칭 대신 사모님이라는 단어를 쓴다고 기분 나빠할 사람은 없다. 그리고 중년 남성에게는 아저씨나 고객님이라는 말 대신 사장님, 선생님이라는 단어를 쓴다면 이것 역시 기분 나빠할 사람은 없을 것이다. 호칭 하나에도 연기력이 필요한 것이다. 과장되게 오버액션을 하거나 없는 이야기를 지어내라는 것이 아니다. 고객과 친해지기 위해서는 적당한 연기력도 필요하다는 말이다. 예전부터 알고 지낸 사이인 듯 친근하고 살갑게 고객을 대한다면 환영받고 대접받는다는 느낌이 들어서 좋아할 것이다. 매출을 올려주는 사람은 다름 아닌 고객이다. 오래된 친구를 대하듯 소중하게 그들을 대한다면 단골고객을 넘어선 충성고객이 될 수밖에 없다.

어떤 가게에 가보면 고객을 대할 때 정석으로만 응대하는 가게가 있다. 고객의 물음에 책을 읽듯이 감정이 담기지 않은 말투로 대답을 하거나 묻는 말에만 대답을 하는 것이다. 고객은 자신과 소통하며 진심이 담긴 대화를 하고 싶어 한다는 것을 알아야 한다. 물건을 구매할 때 상품에 대해 자신이 몰랐던 정보까지 얻고 간다면 고객은 기대했던 것 이상의 서비스를 받았다는 점에서 만족도가 크다. 비슷한 상품과 비교 설명해 주고 여러 가지 정보를 알려 주는 가게를 더 신뢰하게 될 것이다.

고객과 마치 기싸움이라도 하듯이 매정한 말투로 고객을 대하고 고객에게 관심을 가지지 않는 가게가 있다. 왜 그런지 사장의 마음은 알 수 없으나 한 가지 분명한 점은 자신이 불친절하게 대한 그 고객이 지금 가게 문밖을 나가면 다시는 돌아오지 않을 것이란 사실이다. 가게를 운영하는 것은 경영만 잘한다고 해서 대박 나는 가게가 될 수 없다. 가게의 매출을 올려주는 고객에게 진심으로 대할 때 그들과 소통할 수 있다. 그렇기 때문에 결국 장사가 잘되기 위해서는 사람을 남기는 장사를 해야 한다는 것이다.

종교단체나 사회단체에 소속되어 있는 회원이라면 상품이 다른 가게보다 조금 더 비싼 경우가 있더라도 단체 회원의 가게의 매출을 올려주는 경우가 많다. 이런 경우 같은 단체의 일원이라는 이유만으로도 거의 충성고객이 된다. 단체에 소속되어 그들과 같은 공동체라는 인식을 심어주는 것도 좋은 방법이다.

얼마 전 친구는 아들의 백일을 맞이하여 이웃에게 나누어 주기 위해 집 근처 가게에서 떡을 주문하려고 했다. 친구는 어머니께 말씀을 드렸더니 같은 모임을 하는 지인 중에 떡집을 운영하는 사장님이 있으니 그곳에서 떡을 주문하라고 하셨다. 친구는 굳이 집 근처 떡집에서 떡을 맞춰야 할 이유가 없으니 어머니께서 하자는 대로 따랐다고 한다. 가게가 내박이 나길 원한다면 자기 것만 알고 자기 것만 챙기는 외길 인생을 살 것이 아니라 모임에도 참여하고 지역 주민들과도 소통하면서 더불어 살아야 한다. 시간이 없다거나 혹은 가게 일이 바쁘다는 이유가 있다면 모임이나 행사를 외면하기보다는 나름대로 성의를 보이면 되는 것이다.

지역사회 같은 경우 동네 주민들은 지역 행사에 참여하며 서로 친분을 이어나가는 경우가 많다. 당신이 가게를 개업한 곳에서도 되도록 지역 행사에 참여하는 것이 좋다. 가게를 비울 수가 없어서 참여하기가 어렵다면 부담을 주지 않는 선에서 후원금을 내는 성의를 보이는 것도 방법이 될 것이다. 적극적으로 그들과 친해지려는 노력이 있어야 주민들도 당신을 따뜻하게 맞아주고 챙겨줄 것이다. 그럴 때 단골고객은 더 늘어나고 잘되는 가게가 될 수 있다. 지역 주민들을 배제한다면 대박 나는 가게가 되는 것을 기대하기는 어렵다. 서로 상부상조하는 마음으로 이웃 주민들과도 잘 지내야 좋은 입소문이 나는 효과를 기대할 수가 있는 것이다. 대박 나는 가게가 되는 지름길은 결국 사람장사라는 것을 잊지 말자.

06

최선을 다했다고
쉽게 말하지 마라

내가 대학 1학년 겨울방학 때의 일이다. 방학을 시작하고 나서 아르바이트 자리를 구해봤지만 늦게 알아보는 바람에 쉽게 구해지지 않았다. 그래서 한 달 동안 어떤 방법으로 용돈을 벌 수 있을까 고민만 하고 있었다. 그런 상황에서 친구들이 스키장에 같이 가자고 했다. 그렇지만 방학인데도 불구하고 부모님께 용돈을 달라고 하는 것이 싫어서 어떻게든 경비를 스스로 마련하고 싶었다. 마침 회사에 일찍 취업했던 친구가 아침 출근길에 보니 지하철역에서 김밥 파는 상인들이 있는데 손님들이 꽤 많다는 것이었다. 그래서 하는 일 없이 놀고 있던 다른 친구와 같이 김밥 장사를 해보기로 했다.

친구와 김밥 만드는 재료를 사서 다음 날 새벽에 일어나 판매하기 위한 김밥을 직접 만들었다. 바구니에 담아서 오전 7시에 지하철역으로 가지고 나갔다. 적당한 곳에 자리를 잡았는데 그곳에도 상인들만의 규칙이 있었는지 우리가 김밥을 판매하는 것을 그들이 제지하는 것이었다. 사회의 경험이 전혀 없었던 우리는 이리 쫓기고 저리 쫓기다가 결국 역 변두리에서 김밥을 팔게 되었는데 출근하던 젊은 여성에게 두 줄의 김밥을 처음 팔았다. 그리고 또 다른 사람에게 두 줄을 판매해서 총 네 줄의 김밥을 팔았고 4천 원의 수입을 거뒀다. 친구와 나는 서로 2천 원을 나누어 가졌고 김밥 재료 값과 노동력의 대가가 2천 원의 수익으로 돌아왔다. 손해 보는 장사였고 결국 스키장은 가지 못했다.

이익이 남는 장사는 아니었지만 창피함을 무릅쓰고 지하철역에서 김밥을 팔았던 것은 값진 경험이 되었다. 노점의 장사라 쉽게 생각했던 나는 그 세계에도 나름대로 룰이 있음을 알게 되었고, 바쁘게 길을 걷던 행인들에게 말을 걸 수 있는 용기를 배우게 되었다. 남은 김밥은 가족과 함께 먹으며 김밥 맛에 대한 품평도 해보아 혹시 다음에 김밥 장사를 하게 된다면 어떤 점을 보완하면 좋을지도 생각하게 되었다. 주어진 상황에서 자신이 할 수 있는 모든 방법을 동원해서라도 그 일을 이루려고 시도한다면 실패해도 후회는 남지 않는 법이다. 오히려 또 다른 일에 도전할 기회가 생길 때 자신감이 생기는 밑거름이 된다. 그렇기 때문에 노력해 봤지만 안 된다고 해서 쉽게 좌절하거나 물러서지 않아야 한다.

내가 일하는 농협에서는 연초에 카드, 보험 등 달성해야 할 개인 실적이 주어지는데 온갖 인맥을 동원해서라도 실적을 달성하려는 직원이 있는 반면에 실적에 대해 전혀 신경을 쓰지 않는 직원도 있다. 실적 달성을 하려고 노력하는 직원은 언제 어디서 누구를 만나든지 항상 세일즈의 가능성을 열어둔다. 운동 동호회에 가서도 세일즈의 노력을 기울이고 지인들과 술자리를 가지면서도 개인 실적을 채워야 한다는 것을 잊지 않고 권유한다. 물론 사람을 만날 때마다 세일즈의 마인드를 가지고 대하라는 뜻이 아니다. 그리고 목적을 가지고 사람을 사귀는 것이 좋은 방법이라고 말하는 것도 아니다. 그들은 자신의 상황에서 자신이 할 수 있는 최선의 노력을 기울인다는 뜻이다.

은행에 따라서 다르지만 개인 실적 달성 여부에 따라 상여금의 지급 유무가 결정되고 진급에도 영향을 끼치는 곳이 있기 때문에 쉽게 간과할 수 없는 부분이다. 그렇기 때문에 사활을 걸고 달성하려는 노력을 하는 것이다. 그렇지만 어떠한 노력도 하지 않고 실적 미달로 인한 경고를 받는 직원들도 많다. 내방하는 고객이 한정되어 있어서 더 이상 추진할 수 있는 고객이 없고 실적을 채울 수 있는 지인도 더 이상 없다는 핑계를 대는 직원들이 있다. 단언컨대 그런 핑계를 대는 직원들은 열정을 가지고 추진한 적이 없는 직원이다. 핑계는 말 그대로 핑계일 뿐이다. 하고자 하는 노력 없이 상황 탓만 한다는 것은 사람들에게 권유하거나 세일즈하는 것이 싫다는 것이다. 진심으로 원하고 그 일을 해야만 한다면 어떻게든 노력을 한다. 알레스카에서 냉장고를 팔고 스님에게 빗을 파는 것처럼 그 일을 해야만 하는 상황이라면 어떻게든 한다는 말이다. 그러니 최선을 다했지만 안 된다는 말은 쉽게 하지 말아야 하는 것이다.

나의 직장은 작은 지역에 위치한 곳이기 때문에 신규 고객보다는 대부분 단골고객이 많다. 매년 봄이 되면 보험 이벤트를 진행한다. 이벤트를 시작한 첫 해에는 단골고객을 대상으로 세일즈를 진행하여 직원들 모두 높은 실적을 올릴 수 있었다. 그러나 이벤트를 진행하는 횟수가 늘수록 상품을 권유할 수 있는 고객이 한계가 있다며 직원들은 추진하는 것에 어려움을 호소했다. 그렇지만 그런 상황 속에서도 항상 빛을 발하는 직원은 있게 마련이다. 그들은 더 이상 추진할 곳이 없다거나 신규 고객을 발굴하는 것이 어렵다는 말을 하지 않는다. 다른 직원들이 어려움을 호소할 때 그들은 신규 고객을 창출하기 위해서 방법을 고민하고 실행에 옮긴다. 최선을 다하는 자세가 잘되는 사람과 안되는 사람의 차이점인 것이다.

성공한 사람 중에는 "열심히 했지만 안 되더라"라고 말하는 사람이 없다. 대신 "조금 더 하면 될 것 같아"라고 말한다. 나도 보험 이벤트 기간이 다가오면 신규 고객을 발굴할 수 있는 방법과 그들에게 상품 권유를 더 잘할 수 있는 방법을 고민한다.

점심시간에 직원들과 종종 식사하러 가는 분식집이 있는데 식사를 끝내고 나오면서 사장님께 상품을 권유했었다. 자금의 여유가 없어서 가입하기 어렵다고 하는 그녀에게 전단지를 주며 다음 번에 또 들리겠다는 인사를 하고 나왔다. 그 뒤 며칠 후에 식당 영업시간을 피해서 사장님께 찾아가서 다시 한 번 권유했으나 가입이 어렵겠다고 거절했다. 아쉬웠지만 그녀의 완곡한 거절 의사표시에 뒤돌아서서 나왔다.

어느 날 식사를 하기 위해 다시 찾았는데 부부가 운영하여 일손이 넉넉하지 않는 상황에서 그날따라 유난히 식당이 바빠 보였다. 고객들이 음식을 먹고 간 테이블 위에는 빈 그릇이 그대로 있었다. 사장님을 돕고 싶은 마음에 나는 팔을 걷어붙이고 그릇을 주방까지 가져가서 치우고 테이블 위를 깨끗이 정리했다. 사장님은 고맙다는 말을 하며 한가할 때 한번 오라고 했다. 그러더니 내가 권유한 상품을 가입해 주는 거였다. 대가를 바라거나 의도하지 않고 도와드렸던 일이 좋은 씨앗이 되어 나에게 돌아온 순간이다. 분식집 사장님에게 처음 세일즈를 한 것에는 거절당했지만 도움을 주고 싶다는 마음을 가지고 관계를 맺는 것에 최선을 다했기 때문에 가능한 일이었다.

한 계단만 더 올라서면 정상이 보이고 한 발짝만 더 가면 목적지가 있는데 끝까지 해보는 뒷심을 발휘하기도 전에 보통 사람들은 '최선을 다했지만 안 되더라'라는 말을 해버린다. 쉽게 생각하고 도전했다가 포기도 쉽게 하는 경우가 많다. 실패하는 사람들은 조금 더 해보는 것이 귀찮아서 혹은 이것만으로도 할 만큼 했다는 생각에 성공이 눈앞에 있는데도 멈춰버린다. 그래 놓고는 최선을 다했다고 말한다. 세상일은 그 무엇도 호락호락한 일이 없다. 더군다나 가게를 해서 돈을 번다는 것은 쉬운 일이 아니다. 각오를 하고 도전했다면 최선을 다하자. 한 발짝 더 가는 것을 멈춰 놓고는 최선을 다했다고 쉽게 말하지 않도록 하자.

07

작은 가게로 시작해서
크게 키워라

큰 가게를 운영한다고 해서 많은 돈을 벌 수 있을까? 자본이 많은 사람이 큰 가게를 운영하다가 망하더라도 어떤 규모로 가게를 시작하든 상관없다. 그러나 당신은 작지만 알찬 가게를 시작해서 성공하기 위해 이 책을 읽고 있을 것이다. 작은 가게로 성공한 가게는 얼마든지 많다. 이름만 대면 알만한 기업들도 창시자들은 작은 가게부터 시작했다는 것을 알아야 한다. 내실과 기반이 탄탄하게 받쳐 준 다음 키워나가는 것이 당신의 가게가 오랫동안 꾸준히 사랑받는 가게가 되는 비결이다.

장사가 아주 잘되는 고깃집이 있다. 쇠고기를 파는 식당인데 영업시간에는 고객들의 발길이 끊이지 않는다. 지금은 억대 매출을 올리고 있는 이곳도 처음부터 큰 규모의 고깃집이 아니었다. 처음에는 동네 어느 곳에서나 볼 수 있는 중화요리를 파는 10평도 안 되는 가게에서 시작했다. 차츰 단골고객이 많아지고 장사가 잘되면서 업종을 변경하며 가게를 확장시켜 나간 것이다. 처음부터 크게 시작해서 손님들이 많이 찾는 번창하는 가게가 된 것이 아니란 말이다. 큰 가게로 시작하면 번듯해 보이고 화려해 보이는 시각적인 효과가 있어서 자부심은 가질 수 있다. 그러나 대출까지 받아서 무리를 해서라도 무조건 크게 시작한다면 가게를 시작하는 것과 동시에 내내 살얼음판을 걷는 듯한 기분이 들 것이다. 장사가 생각만큼 잘되지 않는다면 유지비용이며 인건비가 많이 들어가기 때문에 각종 세금을 내는 날만 되면 당신은 걱정에 휩싸이게 될지도 모른다. 남들에게 보여지는 것보다 자신이 떠안게 될 위험부담을 생각해 보라. 그렇게 되지 않기 위해서는 현명한 판단이 필요하다. 가게를 시작하면 자신이 처음 계획했던 돈보다 예상외의 지출이 더 많이 발생한다. 그렇기 때문에 자본의 여력이 넉넉하지 않음에도 불구하고 크게 시작해야 장사가 더 잘될 거라는 생각을 버려야 한다.

동네 한 바퀴만 돌아봐도 수많은 가게들을 볼 수가 있다. 그중에서 오랫동안 한 자리를 지키면서 장사를 하고 있는 가게도 있을 것이고, 개업한 지 얼마 되지 않은 가게도 있을 것이다. 그리고 큰 건물의 가게 앞에서 고객들이 줄 서서 기다리는 모습도 볼 것이다. 장사가 잘되는 큰 가게들은 처음부터 크게 시작해서 대박 나는 가게가 되었을까? 화려하게 보이고 고객들로 발 디딜 틈이 없는 그곳도 작게 시작해서 크게 키워 나갔을 것이다. 재정적인 부담을 안고서라도 무리하게 크게 시작하는 것이 과연 대박 나는 가게의 대열에 들어서는 추월차선인지는 생각해 보아야 한다. 물건을 판매하는 상점 같은 경우 처음부터 큰 평수의 점포에서 무리하게 시작하면 재고 부담이 될 것이다. 판매가 안 될 때에 재고 부담은 고스란히 사장이 떠안게 된다. 이런 위험 부담을 안고서 무조건 크게 시작할 필요는 없다.

크게 시작해야 하는 업종은 따로 있다. 브랜드 의류 매장이나 잘나가는 프랜차이즈 매장을 시작할 때에는 철저한 입지 분석 등 여러 가지 조건을 검토한 후에 확실한 판단이 선다면 큰 평수의 매장에서 시작하는 것이 맞다. 그러나 자금이 넉넉하지 않은 상태에서 돈을 많이 벌 수 있다는 정보만으로 크게 시작한다면 실패했을 때 감수해야 할 일들이 많아진다는 것을 알도록 하자. 과일이 크다고 해서 무조건 다 맛있고 당도가 높은 것이 아니다. 큰 사과가 오히려 당도가 낮을 수도 있고 큰 수박이 오히려 싱거울 수가 있다. 사람들은 큰 차, 큰 집 무조건 크고 좋은 것들을 선호하는 경향이 있어서 가게를 시작하는 것도 크게 시작하는 것이 성공의 우선적인 조건이라고 생각하는 사람이 많다. 남들에게는 좋게 보일지 몰라도 정작 장사를 하면 할수록 사장의 속은 타들어갈 것이다.

유명한 돼지갈빗집을 운영하고 있는 A사장이 있다. 50대 중년의 여사장으로 젊어서부터 가족들의 생계를 책임지기 위해 여러 가지 일을 전전하다가 작은 식당일을 하게 되었다. 돼지갈비로 승부를 봐서 성공하겠다는 마음으로 갈비 양념에 관한 조리법을 자신만의 방법으로 만들기 위해 수많은 시행착오를 겪었다. 마침내 맛있게 먹을 수 있는 양념을 개발해서 판매를 하게 되었다고 한다. 처음에는 작은 가게로 시작했지만 날이 갈수록 장사가 잘되자 옆의 점포와 합치면서 넓혀 나갔다고 한다. 가게가 점점 번창하자 식당 주위 양옆의 점포를 모두 사들여서 가게를 더 넓혔고 그것도 모자라서 가게 뒤편의 건물까지 사들여서 식당으로 사용하게 되었다고 한다. 심지어 축구장만 한 주차장까지 갖추고 있다.

갈빗집 사장은 자신의 형편에 맞춰서 어렵게 가게를 차렸다. 크게 시작하지 않았지만 자신만의 양념 소스를 개발하는 노력을 했고 고객이 찾아오는 가게를 만들었다. 꾸준히 노력한 결과 옆 건물까지 사들이며 큰 가게로 발전시킨 것이다. 지금은 3층 건물의 집을 지어서 살고 있을 정도로 대박 난 식당 사장님이 되었다.

작은 가게에서 몇 푼이나 벌 수 있겠냐고 생각하는 사람이 많을 것이다. 그러나 알찬 가게를 살펴보면 우리가 생각하는 것 이상의 매출을 벌어들이는 경우가 수없이 많다. 그리고 당신의 꿈이 단지 작은 가게만으로 먹고사는 것에 그치는 것이 아니지 않는가? 작은 가게에서 시작하지만 당신만의 방식으로 점점 키워 나가는 것이 목표가 되어야 한다. 작은 가게를 운영하며 생계를 겨우 이어나가는 것이 아니라 이것을 기반으로 크고 유명한 가게로 키워 나가는 것을 목표로 해 보자. 그런 생각을 하고 가게 운영을 잘 해나간다면 곧 당신의 가게는 고객들이 줄 서는 대박 나는 가게가 되어 있을 것이다.

에필로그

●

●

●

●

●

작은 가게를 운영하고 있는 자영업자들 중에는 주말인데도 고객이 없다고 하소연하는 사람이 많다. 불경기도 이런 불경기가 없다며 눈을 씻고 찾아봐도 고객이 없다고 한숨짓는다. 그럼에도 불구하고 줄 서는 가게가 있고, 대박 나는 가게는 존재한다. 같은 업종이지만 어느 곳에서는 한숨 섞인 곡소리가 나오고 또 어느 곳에서는 돈 세는 소리, 카드 긁는 소리가 들린다. 이유가 무엇일까? 한 가지의 이유라고 단정 지을 수는 없지만 가장 큰 비중을 차지하는 것 중 하나가 자영업자의 '가게 운영 마인드'라고 생각한다. 앞서 언급한 것처럼 대박 나는 가게도 처음에는 숱한 시련과 고난을 겪으면서 자리를 잡았다.

잘되는 가게들은 고객의 발길이 뜸했던 시기를 오히려 전화위복이라 여기면서 더 많은 고객들을 유치하기 위해 전략을 세웠다. 음식점이라면 특별한 소스 개발 등에 힘썼고, 물건을 판매하는 상점이라면 '어떻게 하면 상품이 더 돋보이고 더 많이 팔 수 있을까?'를 끊임없이 생각하고 배워나갔다. 그랬기에 지금의 성공이 있었던 것이다. 고객이 없다고 테이블에 턱 괴고 앉아 있는 대신 그들을 유치할 수 있는 방법을 찾는 것에 집중하는 것은 어떨까?

일본 요식업계의 전설 우노 다카시의 책《장사의 神》에 나오는 한 구절을 소개한다.

"모두들 '음식이 잘 안 팔려서 고민'이라고 쉽게들 말하잖아. 난 그게 참 이해가 안 돼. 새로운 메뉴를 만들어 보거나 실내 장식을 바꾸려고 시도해 보는 게 얼마나 즐거운 일이냐고. 잘 안 팔리는 원인을 생각하는 것도 똑같은 일이야. 그러니 '고민'이 아니라 '즐거운 일'이고 재미있다고 생각하면 좋을 것 같아."

그렇다. 안 팔려서 괴롭고, 고민인 것이 아니라 고객을 더 유치할 수 있는 새로운 방법을 생각하는 '즐거운 일'이라고 여긴다면 없던 아이디어도 샘솟게 되어 있다.

하루에도 수많은 가게가 문을 닫고 또 개업을 한다. 처음 가게를 개업할 때는 누구나 부푼 꿈을 안고 시작할 것이다. '하루에 몇 명의 손님만 찾아와도 이만큼의 수익이 발생하고 그중에서 또 이만큼의 순이익이 남겠지. 한 달로 계산하면 월매출액이 이 정도는 되겠구나.' 하고 말이다. 그러나 장사가 어디 생각한 대로 고객이 찾아오고, 생각한 대로 매출이 발생하는 것인가? 그래서 시간이 갈수록 처음 가졌던 포부는 온 데 간 데 없어지고, 고객이 뜸해지는 시간에는 초조한 마음과 불안한 마음이 생기는 것이다.

지나가는 고객이 가게 안을 들여다보더라도 '이 가게에는 손님이 없구나'라는 생각이 들지 않도록 부지런히 움직여 보자. 유리창을 닦든지, 테이블을 한 번 더 닦든지 그 누가 보더라도 손님이 없다는 듯한 느낌이 들지 않도록 지루하게 앉아 있지 않기를 바란다. 줄 서는 가게에서 한참동안 기다려야 함에도 불구하고 기꺼이 기다리는 고객들은 그만큼 가게에 대한 기대감이 있기 때문이다. 이런 원리를 적용해서 내 가게에도 '지금 너무 한가롭다'는 것을 보여주는 것 대신 운영자인 나라도 바쁜 듯이 움직여야 한다.

요즘 들어 내부 경쟁력은 키우지 않은 채 고급스러운 인테리어와 마케팅에 많은 돈을 들이는 가게가 많다. 가게 운영자의 마인드와 판매하는 상품의 질 그리고 종업원의 서비스가 다른 가게와 다를 바가 없다면 많은 돈을 들여서 마케팅을 한들 충성고객을 만들어가는 것은 어려울 수 있다. 아침이 되면 눈이 번쩍 뜨일 만큼 자신이 하는 일에 열정적으로 임한다면 고객이 없어서 근심 걱정할 시간도 없이 내부 경쟁력을 더 탄탄하게 다질 연구를 하게 될 것이다.

가게 운영자의 마음이 고객을 향해 있다면 그 가게는 지금은 비록 아닐지언정 대박 나는 가게가 되는 길은 머지않았다고 본다. 고객을 향한 마음이 판매하는 상품의 질을 더 향상시키게 만들고, 그들에게 제공하는 서비스 또한 감동으로 고객에게 다가가 충성고객을 늘려줄 것이기 때문이다. 아무리 훌륭한 마케팅을 도입하고, 멋진 인테리어로 고객들을 현혹시켜도 운영자의 마인드가 고객을 향해 있지 않으면 잘되는 가게, 장수하는 가게가 되기 어렵다는 것을 꼭 기억하기 바란다. 모든 자영업자분들의 건승을 바라며.

허로민

작은 가게로 1년 안에 벤츠 타기

초판 1쇄 인쇄 2018년 4월 10일
초판 1쇄 발행 2018년 4월 17일

지은이 | 허로민
펴낸이 | 임종관
편 집 | 정광희
디자인 | 표지 김윤남 본문 김희연
등록 | 제302-2003-000026호
주소 | 서울특별시 용산구 효창원로64길 43-6(효창동 4층)
마케팅 | 경기도 고양시 덕양구 화정로65 한화오벨리스크 1901호
전화 02)738-1227(대) | **팩스** 02)738-1228
이메일 miraebook@hotmail.com

ISBN 979-11-88794-12-6